Elemente der Politik

Reihe herausgegeben von
H.-G. Ehrhart, Hamburg, Deutschland
B. Frevel, Münster, Deutschland
K. Schubert, Münster, Deutschland
S. S. Schüttemeyer, Halle, Deutschland

Die ELEMENTE DER POLITIK sind eine politikwissenschaftliche Lehrbuchreihe. Ausgewiesene Experten und Expertinnen informieren über wichtige Themen und Grundbegriffe der Politikwissenschaft und stellen sie auf knappem Raum fundiert und verständlich dar. Die einzelnen Titel der ELEMENTE dienen somit Studierenden und Lehrenden der Politikwissenschaft und benachbarter Fächer als Einführung und erste Orientierung zum Gebrauch in Seminaren und Vorlesungen, bieten aber auch politisch Interessierten einen soliden Überblick zum Thema.

Weitere Bände in der Reihe http://www.springer.com/series/12234

Florian T. Furtak

Demokratische Regierungssysteme

Eine Einführung

Florian T. Furtak
HWR Berlin
Berlin, Deutschland

Elemente der Politik
ISBN 978-3-658-20782-3   ISBN 978-3-658-20783-0   (eBook)
https://doi.org/10.1007/978-3-658-20783-0

Die Deutsche Nationalbibliothek verzeichnet diese Publikation in der Deutschen Nationalbibliografie; detaillierte bibliografische Daten sind im Internet über http://dnb.d-nb.de abrufbar.

Springer VS
© Springer Fachmedien Wiesbaden GmbH, ein Teil von Springer Nature 2018
Das Werk einschließlich aller seiner Teile ist urheberrechtlich geschützt. Jede Verwertung, die nicht ausdrücklich vom Urheberrechtsgesetz zugelassen ist, bedarf der vorherigen Zustimmung des Verlags. Das gilt insbesondere für Vervielfältigungen, Bearbeitungen, Übersetzungen, Mikroverfilmungen und die Einspeicherung und Verarbeitung in elektronischen Systemen.
Die Wiedergabe von Gebrauchsnamen, Handelsnamen, Warenbezeichnungen usw. in diesem Werk berechtigt auch ohne besondere Kennzeichnung nicht zu der Annahme, dass solche Namen im Sinne der Warenzeichen- und Markenschutz-Gesetzgebung als frei zu betrachten wären und daher von jedermann benutzt werden dürften.
Der Verlag, die Autoren und die Herausgeber gehen davon aus, dass die Angaben und Informationen in diesem Werk zum Zeitpunkt der Veröffentlichung vollständig und korrekt sind. Weder der Verlag noch die Autoren oder die Herausgeber übernehmen, ausdrücklich oder implizit, Gewähr für den Inhalt des Werkes, etwaige Fehler oder Äußerungen. Der Verlag bleibt im Hinblick auf geografische Zuordnungen und Gebietsbezeichnungen in veröffentlichten Karten und Institutionsadressen neutral.

Gedruckt auf säurefreiem und chlorfrei gebleichtem Papier

Springer VS ist ein Imprint der eingetragenen Gesellschaft
Springer Fachmedien Wiesbaden GmbH und ist Teil von Springer Nature
Die Anschrift der Gesellschaft ist: Abraham-Lincoln-Str. 46, 65189 Wiesbaden, Germany

Inhalt

Einführung 1

1 **Begriffliche Grundlegung** 5
   1.1 Staats- und Regierungsformen in der Geschichte ... 5
   1.2 Staats- und Regierungsformen in der Gegenwart .. 17
       1.2.1 Monarchie und Republik 19
       1.2.2 Einheitsstaat und Bundesstaat 20
       1.2.3 Demokratie und Autokratie 23
   1.3 Politisches System und Regierungssystem 32

2 **Typologie und Strukturmerkmale demokratischer Regierungssysteme** 35
   2.1 Typen 35
   2.2 Strukturmerkmale 42
       2.2.1 Parlamentarische Demokratie 42
       2.2.2 Präsidentielle Demokratie 44
       2.2.3 Semi-präsidentielle Demokratie 46
       2.2.4 Konsens- und Mehrheitsdemokratie 47

3 Beispiele für demokratische Regierungssysteme 53

3.1 Das parlamentarische Regierungssystem Großbritanniens 54
3.1.1 Konstitutive Elemente 54
3.1.2 Staatsaufbau 59
3.1.3 Staatsoberhaupt 62
3.1.4 Regierung 64
3.1.5 Parlament 68
3.1.6 Parteiensystem 73
3.1.7 Varianten: Deutschland, Italien 79

3.2 Das präsidentielle Regierungssystem der USA 96
3.2.1 Konstitutive Elemente 96
3.2.2 Staatsaufbau 100
3.2.3 Staatsoberhaupt 105
3.2.4 Regierung 114
3.2.5 Parlament 117
3.2.6 Parteiensystem 124
3.2.7 Varianten: Mexiko, Südkorea 129

3.3 Das semi-präsidentielle Regierungssystem Frankreichs 138
3.3.1 Konstitutive Merkmale 138
3.3.2 Staatsaufbau 140
3.3.3 Präsident 143
3.3.4 Regierung 150
3.3.5 Parlament 155
3.3.6 Parteiensystem 160
3.3.7 Variante: Polen 169

4	**Demokratische Regierungssysteme im Wandel** 177
	4.1 Sieges- und Rückzug der Demokratie 177
	4.2 Polen, Ungarn und die Türkei auf den Weg in den Autoritarismus 179
	4.3 Die USA: Regieren im Zeichen von Twitter und Fake News 187
	4.4 Demokratie unter Druck und vor neuen Herausforderungen 190

Kommentierte Literaturhinweise 199
Literaturverzeichnis 201

Verzeichnis der Abbildungen und Tabellen

Abbildungen

Abb. 1.1   Staatsformen   18
Abb. 1.2   Regierungsformen   23
Abb. 1.3   Politisches System   35
Abb. 2.1   Regierungssystem-Typen   37

Tabellen

Tab. 1.1   Verfassungstypologie des Aristoteles   7
Tab. 1.2   Staats- und Regierungsformen ausgewählter
           Länder   19
Tab. 1.3   Demokratie und Autokratie im Vergleich   30
Tab. 2.1   Parlamentarische und präsidentielle Demokratie
           im Vergleich   45
Tab. 2.2   Merkmale von Konsens- und
           Mehrheitsdemokratie   49
Tab. 3.1   Britische Premierminister seit 1945   65
Tab. 3.2   Zusammensetzung Britisches Unterhaus   69

Tab. 3.3	US-Präsidenten seit 1945	106
Tab. 3.4	Zusammensetzung US-Kongress	118
Tab. 3.5	Staatspräsidenten und Premierminister der V. Republik	149
Tab. 3.6	Zusammensetzung Französische Nationalversammlung	156

Einführung

Im vorliegenden Band der Reihe „Elemente der Politik" stehen demokratische Regierungssysteme im Mittelpunkt der Darstellung. Er soll insbesondere Studierende der Sozial-, Geistes- und Rechtswissenschaften Kenntnisse über die drei Typen solcher Regierungssysteme sowie über deren Gemeinsamkeiten und Unterschiede vermitteln.

Kapitel 1 behandelt einige für das Thema relevante Begriffe, die, wie ein Vergleich von Staatsphilosophen und ihren Theorien zeigt, einen Bedeutungswandel von der Antike bis zur Gegenwart erfahren haben. Es handelt sich um die Staatsformen Monarchie und Republik sowie Einheitsstaat und Bundesstaat und die Regierungsformen Demokratie und Autokratie und die sie konstituierenden Merkmale. Das Kapitel schließt mit der notwendigen Abgrenzung des Begriffs Regierungssystem vom Begriff Politisches System – beide werden sowohl in den Medien als auch zum Teil in der Wissenschaft als gleichbedeutend verwendet, müssen jedoch unterschieden werden.

In Kapitel 2 werden unter Rückgriff auf den einschlägigen wissenschaftlichen Diskurs die drei Typen demokratischer Regierungssysteme sowie deren Strukturmerkmale vorgestellt und kritisch diskutiert. Dabei wird deutlich, dass Demokratien zum Teil ganz unterschiedliche Regelungen in der Staatsorganisation und der Regierungstätigkeit aufweisen.

Den Schwerpunkt des Bandes bildet Kapitel 3. Beispielhaft für das parlamentarische, das präsidentielle und das semi-präsidentielle Regierungssystem werden Großbritannien, die USA und Frankreich – insbesondere die politische Interaktion im jeweiligen Machtdreieck von Staatsoberhaupt, Regierung und Parlament – untersucht. Weil Parteien ein fundamentaler Bestandteil demokratischer Rechtsstaaten sind, widmet sich ein Unterkapitel dem jeweiligen Parteiensystem und den darin agierenden wichtigsten politischen Gruppierungen. Dass es im Hinblick auf den institutionellen von der Verfassung vorgegebenen Handlungsrahmen der Politik nicht nur Unterschiede zwischen parlamentarischen, präsidentiellen und semi-präsidentiellen Demokratien gibt, sondern, wie in den „Varianten" deutlich wird, auch zwischen Regierungssystemen desselben Systemtyps, wird am Beispiel Deutschlands, Italiens, Mexikos, Südkoreas und Polens illustriert.

Kapitel 4 soll zum Nachdenken anregen und für den Befund sensibilisieren, dass demokratische Systeme, auch und gerade in Europa, unter Druck geraten sind, wie die gegenwärtige Entwicklung in Polen, Ungarn und der Türkei zeigt. Auch die USA sind durch die Neigung des Präsidenten Trump zum autoritären Regieren einem politischen Wandel ausgesetzt – dem gegenüber steht jedoch ein gewisses Maß an Kontinuität, insofern als das althergebrachte System der checks und balances noch intakt ist. Abschließend wird eine Entwicklung erörtert, die sich in einer Machtverschiebung von der Legislative zur Exekutive sowie einem Trend zur Präsidentialisierung und Personalisierung von Macht niederschlägt.

Einführung

Ein solcher Band gelingt nicht ohne Unterstützung. Ich danke meinen studentischen Hilfskräften Jana Himstedt und Yvonne Sarah Beutlich für ihre tatkräftige Hilfe bei der Literaturbeschaffung. Den größten Dank schulde ich indes, einmal mehr, meinem Vater, Dr. rer. pol. Robert K. Furtak, Univ.-Prof. (em.) für fruchtbare Gespräche über den Inhalt des Bandes, Korrekturlesen des Manuskripts sowie insbesondere für seine Mitarbeit bei der Ausarbeitung zu den Staats- und Regierungsformen in der Geschichte. Danken möchte ich auch dem Mitherausgeber der Reihe „Elemente der Politik", dem Kollegen Prof. Dr. Bernhard Frevel, für die gute Zusammenarbeit und für wertvolle Anregungen.

Gewidmet ist dieser Band meiner lieben Mutter, Helga Iris Furtak, von der wir im Juni vergangenen Jahres viel zu früh Abschied nehmen mussten.

Karlsruhe/Berlin, im Januar 2018   Florian T. Furtak

Begriffliche Grundlegung 1

1.1 Staats- und Regierungsformen in der Geschichte

Der Begriff Staatsform bezeichnet die Form der politischen Herrschaftsorganisation, der Begriff Regierungsform die Art der politischen Herrschaftsausübung (Riescher/Obrecht/Haas 2011, S. 33). Ähnlich versteht Gamper (2010, S. 131) unter Staatsform verschiedene Aspekte der *„organisatorischen Trägerschaft staatlicher Herrschaftsgewalt"*, unter Regierungsform *die „innere Machtverteilung und -ausübung"* in einem Regierungssystem.

Schon der im 16. Jahrhundert lebende Staatsdenker Jean Bodin unterschied streng zwischen Staatsform und Regierungsform, indem er wie folgt argumentierte: *„…jede Monokratie (ist) entweder eine despotische oder eine tyrannische oder eine königliche. Deswegen handelt es sich aber nicht etwa um drei verschiedene Staatsformen, sondern ihr Unterschied besteht in der unterschied-*

lichen Regierungsform, in der die Alleinherrschaft ausgeübt wird" (zit. nach Oberndörfer/Rosenzweig 2000, S. 192).[1]

Die so geläufigen Begriffe wie Monarchie, Republik, Demokratie, Autokratie haben ihren Ursprung in der Antike, als sich Staatsphilosophen die Frage stellten, welche Staats- bzw. Regierungsform dem Wohle des Gemeinwesens und seinen Bewohnern am besten dient (dem Schutz von Leben und Eigentum, der Sicherheit nach innen und außen), welche rechtlichen und institutionellen Arrangements am besten geeignet sind, die Herrschaft von Menschen über Menschen zu begrenzen. Ursprung, Persistenz, Bedeutungswandel und gegenwärtige Bedeutung dieser und weiterer Begriffe sind Gegenstand von Kapitel 1.1 und Kapitel 1.2.

Aristoteles (384-322 v. Chr.) ließ die Verfassungen von 158 im östlichen Mittelmeer gelegenen Stadtstaaten sammeln, beschrieb und bewertete sie, um eine Antwort auf die Frage nach der besten Verfassung zu finden. Unter Verfassung verstand er in seinem Werk „Politik" (ca. 335 v. Chr.) *„eine Ordnung des Staates hinsichtlich der verschiedenen Ämter",* unter denen *„das wichtigste überall die Regierung des Staates ist",* denn sie *„repräsentiert die Verfassung"* (zit. nach Oberndörfer/Rosenzweig 2000, S. 74).

Er ordnete, wie Tab. 1.1 zeigt, die Verfassungen unter Zugrundelegung zweier Merkmale: einem quantitativen (der Anzahl der Herrschenden) und einem qualitativen (dem Zweck der Herrschaftsausübung). Als „gut" und „richtig" befand er eine Herrschaft, wenn sie dem Gemeinwohl, als „verfehlt" oder „entartet", wenn sie dem Eigennutz diente. Der Basilie (Königtum) als der guten Form der Einzelherrschaft stellte er als entartet die Tyrannis gegenüber, der Aristokratie als positiver Form der Herrschaft mehrerer (der besten)

---

[1] Bodins Diktum nicht beachtend, werden beide Begriffe im von Alexander Gallus und Eckard Jesse unter dem Titel „Staatsformen. Von der Antike bis zur Gegenwart", Bonn 2007, herausgegebenen Sammelband so verwendet als wären sie identisch.

1.1 Staats- und Regierungsformen in der Geschichte

die Oligarchie, der Politie als guter Form der Herrschaft vieler die Demokratie (Oberndörfer/Rosenzweig 2000, S. 56).

Tab. 1.1 Verfassungstypologie des Aristoteles[2]

Anzahl der Herrschenden	Herrschaftszweck	
	Gemeinwohl	Eigennutz
Einer	Basilie	Tyrannis
Mehrere	Aristokratie	Oligarchie
Viele	Politie	Demokratie

Quelle: Eigene Darstellung

Das quantitative Kriterium bezieht sich auf eine Staatsform (wer regiert), das qualitative auf eine Regierungsform (die Art des Regierens). Obwohl Aristoteles in Verbindung mit den qualitativen Merkmalen den Begriff Staatsform verwendete, handelt es sich, im Sinne Bodins, um Regierungsformen. Eine solche Zuordnung ließe sich auch auf Gampers Hinweis (2010, S. 135) stützen, dass *„die Gegenüberstellung 'guter' und 'schlechter' Staatsformen in der Antike ... sich bereits an Aspekten (orientierte), die eher mit der Regierungsform als mit der Staatsform zusammenhingen"*.[3]

Den Vorzug unter den drei positiv besetzten Typen gab Aristoteles der Politie, weil sie, die sich auf einen starken, vermögenden Mittelstand stützen könne, die politische Freiheit vieler am besten

---

2 Eine ähnliche Einteilung findet sich bereits bei Herodot (484-425 v. Chr.) und Platon (428-347 v. Chr.).

3 Als Regierungsformen bezeichnen die Verfassungstypen des Aristoteles u. a. Loewenstein (2000, S. 19) und Riescher/Obrecht/Haas (2011, S. 39 ff.); als Staatsform u. a. Gallus (2007, S. 26). Eckard Jesse handelt sie im von Dieter Nohlen herausgegebenen Wörterbuch Staat und Politik (1995) unter dem Stichwort „Staatsformenlehre" ab.

sichere und in ihr nicht den Dauerkonflikt zwischen wenig Begüterten und vielen Verarmten bestünde. Dass gäbe dem Gemeinwesen Sicherheit vor der Entstehung einer entarteten Regierungsform. Als Ideal schwebte Aristoteles eine gemischte Verfassung vor – eine Verfassung, die Elemente der drei guten Typen in sich vereinigt und dabei einen Ausgleich zwischen den sozialen Gegensätzen herbeiführt (Oberndörfer/Rosenzweig 2000, S. 56 f.).

Die Konzeption einer gemischten Verfassung wurde von *Polybios* (um 200-120 v. Chr.) aufgegriffen und dahingehend modifiziert, als er die Demokratie mit einer positiven Konnotation versah und an die Stelle der Politie setzte. Der Demokratie stellte er als negatives Pendant die Ochlokratie (Pöbelherrschaft) gegenüber. *Marcus Julius Cicero* (106-43 v. Chr.) übernahm die Einteilung des Polybios unter Anwendung auf die am Gemeinwohl sich orientierende römische res publica (Oberndörfer/Rosenzweig 2000, S. 89).

Richtungsweisend für die Weiterentwicklung der Lehre von den Staats- und Regierungsformen war *Niccoló Machiavelli* (1469-1527). Im ersten Satz seiner 1513 veröffentlichten Schrift „Il Principe" („Der Fürst") erklärte er lapidar, dass *„alle Staaten, unter denen die Menschen gelebt haben und leben, entweder republikanisch oder monarchisch waren und sind"* (zit. nach Mager 1984, S. 584). Die Aristokratie und die Demokratie fasste er im Typus Republik zusammen. Die Monarchie (monokratische Herrschaft) und die Republik (Volksherrschaft mit gewählten und abberufbaren Magistraten) galten ihm gleichwertig als Gegenpole zur Tyrannis (ebd.).

In den später verfassten „Discorsi" kehrte Machiavelli allerdings zur Typologie des Aristoteles/Polybios zurück – die schlechte Form der Demokratie bezeichnete er als Anarchie. Er befürwortete eine Mischverfassung aus Elementen der drei guten Typen. In einem Staat vereint, würden sie sich gegenseitig kontrollieren und damit Stabilität gewährleisten. Für Italien hielt er eine Mischverfassung

1.1 Staats- und Regierungsformen in der Geschichte

mangels eines starken Mittelstands allerdings für nicht realisierbar (Ulfig 2001, S. 31 ff.).

Charakteristisch für Machiavellis rationales Verständnis von Politik ist die Ausklammerung des ethischen Aspekts, indem er für einen Fürsten in Anspruch nahm, die Herrschaft nicht nur durch Erbschaft, glückliche Fügung, persönliche Tüchtigkeit, sondern auch durch Usurpation und territoriale Expansion (auch unter Anwendung von Waffengewalt) erlangen zu können (ebd., S. 316, 326 ff.).

Jean Bodins (1529/30-1596) Bedeutung liegt insbesondere in seiner Souveränitätslehre, die er in seinem Werk „Sechs Bücher über den Staat" (1576) entwickelte.[4] Den Begriff Souveränität definierte er als die *„absolute und zeitlich unbegrenzte Gewalt"* des Staates (zit. nach Oberndörfer/Rosenzweig 2000, S. 185). Nach dem jeweiligen Träger der Souveränität leitete er drei Staatsformen ab: Die Monarchie, die Demokratie und die Aristokratie. Liege die Souveränität allein bei einem Fürsten, so handele es sich um eine Monarchie, habe das ganze Volk an ihr teil, um eine Demokratie, verfüge nur ein kleiner Teil des Volkes darüber um eine Aristokratie.

Wie bereits zu Beginn des Kapitels erwähnt, unterscheidet Bodin strikt zwischen Staatsform und Regierungsform, d. h. zwischen dem Träger der Souveränität und der Art und Weise des Regierens. Dies hat zur Folge, dass für ihn jede Staatsform demokratisch, aristokratisch oder monarchisch regiert werden kann, woraus sich neun mögliche Kombinationen von Staats- und Regierungsformen und damit der Herrschaftsausübung ergeben (Denzer 2007, S. 186).

Vor dem Hintergrund der Entwicklung Frankreichs zu einem Flächenstaat und Nationalstaat sowie in Anbetracht der religiös motivierten Bürgerkriegswirren wollte Bodin die Souveränität

---

4 Im Original: „Les six livres de la République" – Bodin gebrauchte den Begriff Republik in der Bedeutung von res publica (= Staat).

im Besitz des Königs als dem alleinigen Inhaber der Staatsgewalt wissen. In Wahrnehmung der Gesetzgebungskompetenz, dem „eigentlichen" Merkmal der Souveränität, sollte nur er das Recht haben, Gesetze zu erlassen, seine eigenen und die seiner Vorgänger aufzuheben; gebunden sei er lediglich an das göttliche Recht, das Naturrecht sowie an mit auswärtigen Fürsten selbst geschlossene Verträge (Oberndörfer/Rosenzweig 2000, S. 181). In Frankreich fand der absolute Herrschaftsanspruch des Königs durch die Ineinssetzung mit dem Staat im berühmten Ausspruch Ludwigs XIV.: „*L'état s'est moi*" (der Staat bin ich) seinen beredten Ausdruck.

Bodins Überzeugung, dass ein Staat der Staatsform nach zwar eine Monarchie, aber demokratisch regiert sein kann, wenn der Fürst viele seiner Untertanen an der Regierungsgewalt teilhaben lässt und damit einen Teil seiner Souveränität abtritt (Thiele 2008, S. 104), wurde aktuell, als absolute Monarchien in konstitutionelle/ parlamentarische überführt wurden, in der der Monarch zwar (formal) herrscht, aber nur noch eingeschränkt oder überhaupt nicht (mehr) regiert.[5]

Thomas Hobbes (1588-1679) hat Bodins Souveränitätslehre in seiner Schrift „Leviathan" (1651) theoretisch untermauert und ausgebaut. Ihm zufolge verbinde alle Menschen die Furcht, ihr ganzes Verhalten werde durch die Furcht bestimmt. Allein die subjektive Wahrnehmung einer Bedrohung, die in der Regel durch einen anderen Menschen ausgelöst werde, reiche für das Entstehen der Furcht aus (Llanque 2012, S. 45). Anthropologisch argumentierend setzte er daher als Prämisse, dass sich die Menschen in einem „*Krieg eines jeden gegen jeden*" (zit. nach Oberndörfer/Rosenzweig 2000, S. 212) befänden. Frieden und Sicherheit fänden sie erst

---

5 In der auf die britische Königin Victoria bezogene Formulierung Walter Bagehots: „*The Queen reigns, but she does not rule*" (Brunner 1979, S. 48).

1.1 Staats- und Regierungsformen in der Geschichte

durch „*Übertragung ihrer gesamten Macht und Stärke auf einen Menschen oder eine Versammlung von Menschen*" (ebd., S. 221), womit sie sich vertraglich zu einem Staat zusammenschlössen.

Der absolutistische Charakter der Staatsgewalt kommt in einer Reihe von (Vor)Rechten zum Ausdruck. Zum Beispiel könne sie ihrem Inhaber wegen schlechter Amtsführung nicht genommen werden, weil seine Handlungen als solche des ganzen Staates anzusehen seien. Ebenso wenig könne er von den Untertanen bestraft werden, weil er kein Unrecht zu begehen im Stande sei. Wenn er es zur Erhaltung des Friedens für erforderlich halte, könne er die Meinungs- und Lehrfreiheit einschränken, die Zensur verhängen (ebd., S. 244 ff.). Einer Gewaltenteilung erteilte Hobbes eine entschiedene Absage, widersprach sie doch dem Prinzip der unbeschränkten Staatsgewalt. Diese könne in der Form einer Monarchie, Demokratie oder Aristokratie ausgeübt werden. Den Vorzug gab Hobbes der (absoluten) Monarchie, weil nur ein uneingeschränkter Souverän den Frieden sichern könne (ebd., S. 207). Eine Mischverfassung lehnte er ab, weil sie dem Ziel der Friedenssicherung zuwiderlaufen würde (Chwaszcza 2007, S. 223).

Gleichsam der „Anti-Hobbes" ist *John Locke* (1632-1704) als Vordenker des liberalen, auf der Gewaltenteilung beruhenden Rechtsstaats. Locke ging davon aus, dass die im Naturzustand freien und gleichen Menschen ein Interesse daran hätten, ihr Recht auf Freiheit, Leben und Eigentum sicher vor Eingriffen genießen zu können, weshalb sie sich durch einen Gesellschaftsvertrag zusammenschlössen. Mit der Konstituierung einer Gemeinschaft würden sich die Mitglieder aber nicht dem Willen einer obersten (absoluten) Staatsgewalt, sondern dem Mehrheitswillen unterwerfen. Um den Frieden und die Erhaltung der ganzen Menschheit zu sichern, ist für Locke im Naturzustand erstens „*die Vollstreckung des natürlichen Gesetzes in jedermanns Hände gelegt*", zweitens jeder Mensch berechtigt, „*die Übertreter dieses Gesetzes in einem*

Maße zu bestrafen, wie es notwendig ist, um eine erneute Verletzung zu verhindern" (zit. nach Oberndörfer/Rosenzweig 2000, S. 246). Diese Rechte gebe er mit dem Eintritt in eine politische Gemeinschaft (Staat) auf in der Erwartung, dass die Gemeinschaft deren Funktionen durch Gesetze und ihren Vollzug übernimmt und gewährleistet. Um eine willkürliche Gesetzgebung zu verhindern, dürfe die zu regelnde Materie nicht über die Rechte hinausgehen, die das Individuum im Naturzustand hatte (ebd., S. 246 f.).

Von überragender Bedeutung für die Entwicklung der Lehre von den Staats- und Regierungsformen waren Lockes Gedanken zur Gewaltenteilung und zur repräsentativen Demokratie, die er, angeregt durch den politischen Wandel in Großbritannien, in seinem Werk „Two Treatises of Government" (1651) darlegte. Das Legislativorgan, das aus dem vom Volk auf Zeit zu wählenden Unterhaus und dem Oberhaus (der Vertretung der Adligen) bestand, sollte Inhaber der höchsten Gewalt sein und verpflichtende Gesetze erlassen, die ihr untergeordnete Exekutive (Regierung) die Ausführung der Gesetze übernehmen, wobei ihr Handeln an die Gesetze gebunden ist. Die Judikative sah Locke nicht als eigenständige, dritte Gewalt, sondern als Teil der Exekutive vor (Llanque 2012, S. 50 f.). Die Notwendigkeit, Legislative und Exekutive voneinander zu trennen, begründete Locke damit, dass bei *„der Schwäche der menschlichen Natur, die stets bereit ist, nach der Macht zu greifen, würde es jedoch eine zu große Versuchung sein, wenn dieselben Personen, die die Macht haben, Gesetze zu geben, auch noch die Macht in die Hände bekämen, diese Gesetze zu vollstrecken"* (zit. nach Oberndörfer/Rosenzweig 2000, S. 261 f.). Für Locke war demnach die Gewaltenteilung das geeignete Mittel um Machtmissbrauch, den er als die größte Gefahr für das Gemeinwesen hielt, zu verhindern (Euchner 2007, S. 23).

Die Trennung der Gewalten war in Großbritannien allerdings insofern nicht konsequent realisiert worden, als der an der Spitze der Regierung stehende Monarch an der Gesetzgebung beteiligt war. (Dieses Recht hat bis zur Gegenwart überdauert und seinen Niederschlag gefunden in den Formulierungen „*His/Her Majesty's Government*" und „*The King/the Queen in Parliament*".)

Charles de Montesquieu (1689-1755) unterschied zwischen der republikanischen und der monarchischen Regierungsform, unterteilte allerdings die erstere in eine demokratische und eine aristokratische Variante (je nachdem ob das ganze Volk oder ein Teil desselben die Staatsgewalt innehat) und stellte diesen gemäßigten Regierungsformen die Despotie, die an kein Gesetz gebundene Herrschaft eines einzelnen, gegenüber (Oberndörfer/Rosenzweig 2000, S. 282). In seinem Werk „Vom Geist der Gesetze" (1748) beurteilte er die Regierungsformen nicht nach der Nützlichkeit für den Machterwerb und den Machterhalt, sondern nach die Ausübung der Staatsgewalt leitenden Handlungsprinzipien: in einer (demokratisch verfassten) Republik sei es die Tugend, sei die Republik aristokratisch verfasst, komme noch die Mäßigung hinzu, in einer Monarchie die Ehre, in einer Despotie die Furcht (Oberndörfer/Rosenzweig 2000, S. 286 ff.; Falk 2007, S. 50).

Wie Locke ging es Montesquieu um die Frage, wie die politische Freiheit vor missbräuchliche, in die Despotie führende Ausübung der Staatsgewalt geschützt werden kann. Diese Freiheit bestünde darin, „*in einer Gesellschaft, in der es Gesetze gibt (...) tun zu können, was man wollen darf und nicht gezwungen zu sein, zu tun, was man nicht wollen darf*" (zit. nach Oberndörfer/Rosenzweig 2000, S. 294). Sie finde sich nur in gemäßigten Regierungsformen, aber nur so lange, wie sie nicht missbraucht wird (ebd., S. 278). Freiheit könne es jedoch nur dort geben, wo die gesetzgebende Gewalt von der vollziehenden und die richterliche Gewalt von diesen beiden getrennt ist. Denn „*alles wäre verloren, wenn derselbe Mensch oder die gleiche Körperschaft der Großen, des Adels oder des Volkes diese drei Gewalten ausüben würde*" (ebd., S. 295).

Zusammen mit Locke durch beider Gewaltenteilungslehre sowie durch seine Ansichten über die Trennung von Amt und Mandat und das Kontrollrecht der Legislative gegenüber der Exekutive übte Montesquieu starken Einfluss auf die Verfassungsgebung in den USA aus.

Im diametralen Gegensatz zu Locke und Montesquieu steht *Jean Jaques Rousseau* (1712-1788) mit seiner Konzeption der Volkssouveränität, in der Gewaltenteilung und Repräsentativorgane keinen Platz haben (Maier 2007, S. 69). Die Staatsbildung erfolge durch einen Gesellschaftsvertrag (so auch der Titel seines Werks „Du Contrat Social" von 1762), mit dessen Abschluss die Menschen aus dem Naturzustand in eine Gemeinschaft einträten, in der sie als *„Teilhaber der höchsten Gewalt Staatsbürger (sind)"* (zit. nach Weber-Fas 2003, S. 167). Mit dem Gesellschaftsvertrag unterordne sich das Individuum dem auf das Gemeinwohl gerichteten Willen (der volonté générale), und weil dieser Wille allgemein und damit unteilbar sei, sei auch die Souveränität unteilbar.

Die Staatsgewalt übe das Volk durch Gesetze aus, denn weil es den Gesetzen unterworfen ist, *„muss (es) deren Urheber sein"* (zit. nach Oberndörfer/Rosenzweig 2000, S. 324). Die Teilnahme an der Gesetzgebung und weiteren Entscheidungen, wie Wahl und Abwahl der Regierung, erfolgt durch die Volksversammlung oder in Form des Plebiszits. Die Versammlung aller stimmberechtigten Bürger sei, wofür die griechische Polis beispielhaft sei, am ehesten in kleinen Staaten praktizierbar.[6] Einen Staat, in der die Volkssouveränität derart manifestiert ist, bezeichnete Rousseau als Republik (ebd.).

Je nachdem ob die Gesetze vom gesamten Volk (oder vom größten Teil des Volkes) ausgeführt werden, ihr Vollzug von der Volksversammlung auf einige Personen oder einen Einzelnen

---

6 Bis rund zur Mitte des 20. Jahrhunderts war dies in fünf schweizerischen Kantonen bzw. Halbkantonen der Fall.

übertragen wird, unterscheidet Rousseau drei Regierungsformen: die Demokratie, die Aristokratie und – als nur für große Flächenstaaten und reiche Völker geeignet – die Monarchie (Oberndörfer/Rosenzweig 2000, S. 331).

Auf dem Boden der Gewaltenteilungslehre Montesquies und damit im Gegensatz zu Rousseau steht *Immanuel Kant* (1724-1804). In seiner Abhandlung „Zum ewigen Frieden" (1795) unterschied er die Staatsformen (forma civitatis) erstens nach der Herrschaftsform (forma imperii), die je nach Zahl der Inhaber der obersten Staatsgewalt autokratisch (Fürstengewalt), aristokratisch (Adelsgewalt) oder demokratisch (Volksgewalt) sein könne; zweitens nach der Regierungsform (forma regiminis), die nach der *„Art, wie der Staat von seiner Machtvollkommenheit Gebrauch macht"* (zit. nach Oberndörfer/Jäger 1971, S. 6), entweder republikanisch oder despotisch sei. Der Republikanismus war für Kant ein auf der Trennung von Legislative und Exekutive beruhendes Staatsprinzip; die Demokratie wegen der Gewaltenhäufung notwendig ein Despotismus; jede Regierungsform, die nicht repräsentativ ist, eigentlich eine Unform (Baruzzi 2007, S. 95 f.).

In der Folgezeit verloren die überkommenen Typologisierungen an Bedeutung, erfuhren einen Bedeutungswandel und Kritik. Die Monarchie wurde in Regierungssystemen, wo Gesetzgebung und Gesetzesvollzug (auf Basis einer Verfassung) auf vom Volk gewählte Organe übergingen, der Monarch also nicht mehr regierte, auf die Bezeichnung für eine Staatsform reduziert. In solchen konstitutionellen Monarchien war der Monarch Staatsoberhaupt mit begrenzter Macht (siehe Kap. 1.2.1). Die Aristokratie konnte in Anbetracht der durch die Einführung des allgemeinen Wahlrechts bewirkten Demokratisierung von Regierungssystemen keine eigenständige Regierungsform mehr darstellen. Der „klassische" Begriff Republik im Sinne von Gemeinwesen/Gemeinwohl war schon seit dem 18. Jahrhundert zunehmend vom Begriff Staat (civitas) in der Bedeutung eines politischen Verbandes verdrängt worden – volkssprachlich stato franco (Freistaat) (Mager 1984, S. 578 f.)[7] – und zur Bezeichnung für eine Staatsform (forma civitatis) geworden, unter die alle Staaten fallen, die keine Monarchie sind (Gamper 2010, S. 139).

Karl Loewenstein machte – ganz in der Tradition von Bodin stehend – in seinem 1952 erschienenen Werk „Die Monarchie im modernen Staat" auf die Notwendigkeit aufmerksam, zwischen Staats- und Regierungsformen zu unterscheiden: *„Es wird häufig, und nicht nur von Laien, missverstanden, daß Staatsform und Regierungsform nicht dasselbe sind. Ein Staat kann, wie Großbritannien, der Staatsform nach eine Monarchie, der Regierungsform nach eine Demokratie sein, während ein anderer, etwa die Sowjetunion, mit der Staatsform der Republik die Regierungsform der Autokratie oder Diktatur verbindet"* (S. 18). Für Loewenstein sind die Begriffe Monarchie und Republik lediglich *„sprachliche Gehäuse"* (ebd.). Als Staatsform seien sie weder „gut" noch „schlecht" – ein Werturteil hänge von der Regierungsweise ab, also davon, wie die politische Macht zur Bildung des Staatswillens und zur Führung des Staates in der jeweilige Staatsform benutzt werde (ebd.).

In seinem in 4. Auflage 2000 erschienenen Werk „Verfassungslehre" von 1957 setzte Loewenstein seine Überlegungen zu Regierungsformen fort. Zu Kriterien ihrer Differenzierung machte er die Art der Herrschaftsausübung und deren Kontrolle. Auf dieser Grundlage unterschied er zwischen der konstitutionellen Regierungsform und der autokratischen Regierungsform. Der Konstitutionalismus (entspricht der Demokratie) sei dadurch gekennzeichnet, dass die Macht auf mehrere Inhaber verteilt ist und diese sich gegenseitig kontrollieren; die Autokratie (entspricht

---

7   Bayern führt diese Bezeichnung anstelle von Republik in seinem Staatsnamen.

der Diktatur) dadurch, dass eine Einzelperson oder eine Personengruppe – z. B. eine Partei, eine Militär-Junta – das Machtmonopol innehat und es ohne jegliche Kontrolle ausübt (S. 27 f.).

1.2 Staats- und Regierungsformen in der Gegenwart

Nach der „Drei-Elemente-Lehre" des österreichischen Staatsrechtlers Georg Jellinek (1852-1911) konstituieren einen Staat ein Staatsgebiet, ein Staatsvolk und eine Staatsgewalt. Beim Staatsgebiet handelt es sich um einen abgegrenzten Teil der Erdoberfläche, der zum dauerhaften Aufenthalt von Menschen geeignet ist und einen räumlich abgegrenzten Herrschaftsbereich aufweist. Das Staatsvolk bilden alle auf dem Staatsterritorium lebenden Menschen, wobei die Zugehörigkeit nach verschiedenen Kriterien bestimmt werden kann, z. B. nach Ethnie, Abstammung, Geburtsort, Religion, Nationalität. Staatsgewalt bedeutet Herrschaftsmacht über das Staatsgebiet (Gebietshoheit) und das Staatsvolk (Personalhoheit); zu den regelmäßig vorhandenen Merkmalen der Staatsgewalt gehört die umfassende Souveränität. Der Staat ist damit zu verstehen als die Gesamtheit der Institutionen, welche die dauerhafte Existenz eines Volkes auf einem abgegrenzten Territorium durch Anwendung souveräner hoheitlicher Regelungsmacht gewährleistet.

Alle Staaten weisen eine Staats- und Regierungsform auf. Wie Abb. 1.1 zeigt, werden bei den Staatsformen die Monarchie und die Republik sowie der Einheitsstaat und der Bundesstaat unterschieden.

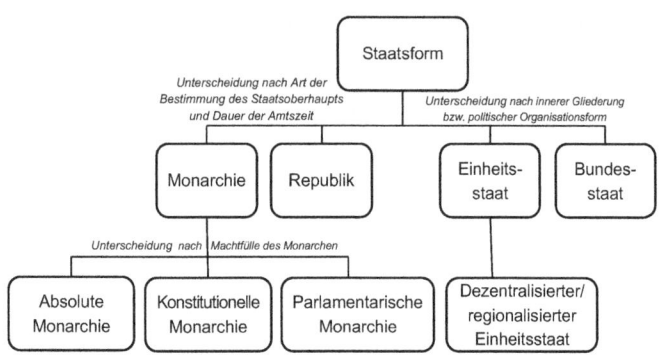

Abb. 1.1 Staatsformen
Quelle: Eigene Darstellung

1.2.1 Monarchie und Republik

Die Einteilung der Staatsformen in Monarchie und Republik orientiert sich an zwei Merkmalen: Der Art der Bestimmung des Staatsoberhauptes und der Dauer der Amtszeit. Um eine Monarchie handelt es sich demnach, wenn ein Adliger (Kaiser, König, Fürst) zum Staatsoberhaupt entweder durch Erbfolge (Regel) oder aufgrund einer Wahl durch ein exklusives Kollegium[8] (Ausnahme) bestimmt wird und auf Lebenszeit im Amt ist. Bei einer Republik hingegen gibt es einen entweder direkt durch das Volk (z. B. Frankreich, USA), oder indirekt (z. B. Deutschland) gewähltes Staatsoberhaupt, das als Präsident bezeichnet wird und dessen Amtszeit begrenzt ist.

Monarchien sind je nach Machtfülle des Monarchen absolut, konstitutionell oder parlamentarisch. Kennzeichnend für die absolute Monarchie ist, dass die Herrschaftsgewalt uneingeschränkt

---

8 Kambodscha, Malaysia, die Vereinigten Arabischen Emirate und der Vatikan sind eine Wahlmonarchie (Friske 2008, S.17).

vom Monarchen als alleiniger Träger der Staatsgewalt ausgeübt wird (Beispiele: Oman, Katar, Saudi-Arabien). In einer konstitutionellen Monarchie wird die Macht des Monarchen durch eine Verfassung begrenzt (Beispiele: Monaco, Marokko, Thailand). In einer parlamentarischen Monarchie ist die Herrschaftsgewalt des Monarchen sehr weit eingeschränkt; seine ihm verbleibenden Rechte sind weitgehend repräsentativer Natur (Beispiele: Großbritannien, Belgien, Niederlande). Weil die europäischen Monarchien der Regierungsform nach Demokratien sind, ist der Träger der obersten Staatsgewalt de facto das Volk (Gamper 2010, S. 136 f.; Friske 2008, S. 16 f.). Gleichwohl kann von der Staatsform nicht automatisch auf die Regierungsform geschlossen werden, da sowohl Monarchien als auch Republiken, wie Tab. 1.2 zeigt, unterschiedliche Regierungsformen aufweisen können.

Tab. 1.2 Staats- und Regierungsformen ausgewählter Länder

Land	Staatsform	Regierungsform
Großbritannien	Monarchie	Demokratie
Saudi-Arabien	Monarchie	Autokratie
Frankreich	Republik	Demokratie
China	Republik	Autokratie

Quelle: Eigene Darstellung

1.2.2 Einheitsstaat und Bundesstaat

Über die Art der Bestimmung und die Amtsdauer des Staatsoberhauptes hinaus ist die innere Gliederung bzw. politische Organisationsform eines Staates ein Kriterium, mit dem sich Staatsformen unterscheiden lassen. Lenkt man also das Augenmerk auf die organisatorische Verfasstheit eines Staates, so sind Einheitsstaaten

(Synonyme: unitarische Staaten, Zentralstaaten) von Bundesstaaten (föderalen Staaten) zu unterscheiden. Einheitsstaaten zeichnen sich dadurch aus, dass sie ein einziges politisches Handlungszentrum haben. Subnationale Gebietseinheiten sind zwar vorhanden, sie besitzen jedoch keine politische Selbständigkeit und Handlungsautonomie; sie erfüllen lediglich Verwaltungsfunktionen (Beispiele: Schweden, Dänemark, Finnland).

Einheitsstaaten sind jedoch nicht statisch. Viele befinden sich in einem Prozess der Dezentralisierung, die in zwei Varianten auftritt: Als politische Dezentralisierung mit einer vollständigen Übertragung von Aufgaben auf lokale Gebietskörperschaften, einschließlich der Zuständigkeit eines gewählten Vertretungsorgans für die Planung, Finanzierung und Verwaltung der ihnen übertragenen Aufgaben oder als administrative Dezentralisierung, die lediglich eine Mitentscheidung von lokalen Gebietskörperschaften bei der Organisation der ihnen übertragenden Aufgaben unter staatlicher Aufsicht ohne autonome Entscheidungs- und Kontrollkompetenzen beinhaltet (Krumm 2015, S. 34; Stykow 2007, S. 212 f.).

Weisen Einheitsstaaten Merkmale von Dezentralisierung auf, spricht man je nach Umfang der Verteilung der Staatsgewalt auf die untergeordneten Gebietskörperschaften von dezentralisierten oder regionalisierten Einheitsstaaten. In dezentralisierten Einheitsstaaten gibt es subnationale Gebietseinheiten mit einer gewissen Handlungs- oder Gestaltungsautonomie bzw. Entscheidungskompetenz. Ein typisches Beispiel hierfür ist Frankreich. In den 1980er Jahren wurden die Regionen als lokale Gebietskörperschaften geschaffen und 2002 in der Verfassung mit eigenen Gesetzgebungskompetenzen ausgestattet.

Ein regionalisierter Einheitsstaat zeichnet sich dagegen dadurch aus, dass die subnationale Ebene eine qualitativ und quantitativ noch größere Handlungsmacht in lokalen und regionalen Angelegenheiten besitzt als dies bei dezentralisierten Einheitsstaaten

1.2 Staats- und Regierungsformen in der Gegenwart

der Fall ist. Spanien mit seinen 14 autonomen Gemeinschaften (z. B. Baskenland, Katalonien) ist hierfür ein Paradebeispiel. Denn die Gemeinschaften besitzen eigene Regionalparlamente und Regionalregierungen, die eine eigenständige Gesetzgebung in einer Vielzahl von Politikbereichen selbständig verantworten. Allerdings gibt es in Spanien keine zweite Kammer, über welche die autonomen Gemeinschaften Einfluss auf die Gesetzgebung des Zentralstaates ausüben könnten.

Im Unterschied zu Einheitsstaaten handelt es sich bei Bundesstaaten *(z. B. Deutschland, Schweiz, Kanada, Indien, USA)* um Zusammenschlüsse nicht souveräner Gliedstaaten. Völkerrechtssubjekt ist allein der übergeordnete Bundesstaat. Sowohl dieser als auch die Gliedstaaten besitzen Staatscharakter. Letztere sind in der Regel über eine zweite Kammer an der Gesetzgebung des Bundes beteiligt. Staatliche Aufgaben sind zwischen Bund und Gliedstaaten aufgeteilt. Um sie zu erledigen, müssen beide zusammenwirken, aufeinander Rücksicht nehmen und einander kontrollieren. Es existieren mindestens zwei Regierungsebenen, von denen beide jeweils autonome Entscheidungen in ausgewählten Politikfeldern treffen können (Petersohn 2015, S. 350). Föderal organisierte Staaten weisen sowohl auf Bundes- als auch Gliedstaatenebene Organe der Legislative, Exekutive und Judikative auf.

Für die Konstituierung eines Staates als Bundesstaat (von den weltweit rund 200 Staaten sind lediglich rund zwei Dutzend Föderationen) sprechen sowohl Vor- als auch Nachteile. Zu den Vorteilen zählen eine zusätzliche Machtkontrolle durch vertikale Gewaltenteilung, eine Stärkung der Repräsentativität und Rechenschaftslegung der Regierung gegenüber den Bürgern, eine Entlastung des Bundes, Herausbildung innovativer Problemlösungen durch den Wettbewerb zwischen den Gliedstaaten, größere Chancen für die regionale Identitätsbildung und Partizipation, der Schutz und die Förderung kultureller Vielfalt sowie die Befriedigung ethnischer und regionaler Separatismen. Nachteile sind der mit dem Begriff „Politikverflechtung" verbundene Zuwachs an Vetospielern, mit dem Effizienzverluste auf Bundesebene einhergehen, politische Entscheidungen blockiert werden und Reformstaus entstehen, die Kosten durch die Multiplikation politischer Institutionen auf Gliedstaatenebene, die Notwendigkeit einer finanziellen Umverteilung sowie unterschiedliche Standards wie z. B. in den Bereichen Schule und Bildung (Krumm 2015, S. 28 f.; Stykow 2007, S. 217 f.).

1.2.3 Demokratie und Autokratie

Während, worauf bereits hingewiesen wurde, die Staatsform die äußere Hülle eines Staates darstellt, gibt die Regierungsform darüber Aufschluss, wie die Macht in einem Staat verteilt ist, wie sie ausgeübt wird und welcher Kontrolle deren Inhaber unterliegen. Lauth (2016, S. 124) verwendet statt des Begriffs Regierungsform den Begriff Herrschaftsform bzw. Regime, mit dem er auf die zentralen Elemente der Herrschaftsausübung (Umfang, Struktur, Herrschaftsweise) und die Art des Herrschaftserwerbs abstellt. Unabhängig davon, ob Regierungsform oder politische Herrschaftsform der adäquate Begriff ist, unterscheidet man, wie Abb. 1.2 zeigt, zwischen Demokratie und Autokratie (Synonym: Diktatur), wobei die Autokratie in autoritäre und totalitäre Regime unterteilt werden kann (Merkel 2013, S. 225 ff.).

„Demokratiedefinitionen sind Legion" (Merkel 2013, S. 216). Für das Verständnis der in diesem Band behandelten demokratischen Regierungssysteme ist es hinreichend, die konstitutiven Merkmale der Regierungsform Demokratie herauszuarbeiten unter Verweis auf Albrecht/Frankenberger (2010, S. 5), die Demokratie definieren *„als das Vorhandensein von Institutionen und Prozessen, welche*

1.2 Staats- und Regierungsformen in der Gegenwart

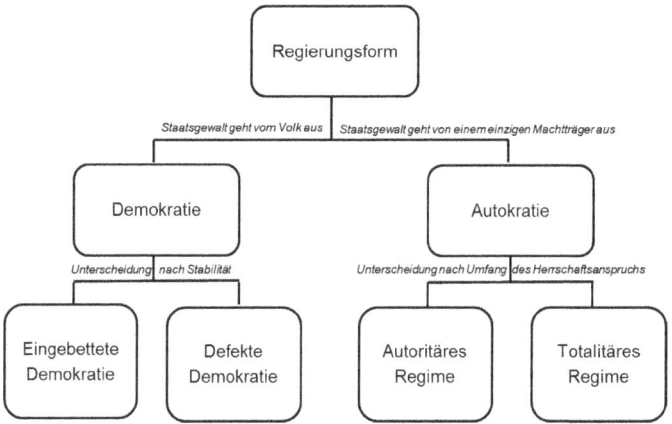

Abb. 1.2 Regierungsformen
Quelle: Eigene Darstellung in Anlehnung an Merkel (2013, S. 216).

es den Bürgerinnen und Bürgern ermöglichen, ihre Präferenzen bezüglich Politiken und Führern frei zu äußern, als die Existenz institutionalisierter Grenzen der Machtausübung der Regierung sowie die Garantie bürgerlicher Rechte im Alltag und in der politischen Partizipation".

Demokratie ist ein Fachausdruck des politischen und wissenschaftlichen Sprachgebrauchs, der aus dem Griechischen stammt und zusammengesetzt ist aus dem Wort „demos" (Volk) und „kratein" (herrschen). Sie gründet auf dem Prinzip der Volkssouveränität, was heißt, dass das Volk Träger der Herrschaft ist – sie geht vom Volk aus, wird durch das Volk entweder unmittelbar durch Volksabstimmungen (plebiszitäre/direkte Demokratie) oder durch vom Volk gewählte Organe (repräsentative/indirekte Demokratie) ausgeübt und dem Anspruch nach zum Nutzen des

Staatsvolks eingesetzt. Die Herrschaft eines Einzelnen oder einer kleinen Gruppe hat in einer Demokratie keinen Platz.

Mit Merkel (2013, S. 217 ff.) lassen sich das minimalistische, das mittlere, prozeduralistische und das maximalistische Demokratie-Modell unterscheiden. Während das minimalistische Modell freie, gleiche und geheime Wahlen mit der Demokratie gleichsetzt,[9] erweitert das mittlere Modell die für eine Demokratie elementaren Voraussetzungen um die Merkmale Rechtsstaatlichkeit, Gewaltenkontrolle, Menschen-, Grund- und Bürgerrechte sowie politische Partizipation, weil nur so demokratische Wahlen demokratiewirksam werden. Das maximalistische Modell schließlich geht noch einen Schritt weiter und zählt auch die Ergebnisse politischen Handelns wie innere und äußere Sicherheit, ökonomische Wohlfahrt und soziale Sicherheit zu den integralen Elementen der Demokratie.

In Anlehnung an das mittlere Modell wird Demokratie im Folgenden verstanden als eine Regierungsform, die im Wesentlichen gekennzeichnet ist durch freie, gleiche und geheime Wahlen, Gewaltenteilung, Rechtsstaatlichkeit, Garantie der Menschen- und Bürgerrechte sowie politische Partizipation. Die Möglichkeit, durch freie, gleiche und geheime Wahlen die zentralen Willensbildungs- und Entscheidungsorgane des Staates zu bestimmen und damit dem Prinzip der Herrschaft auf Zeit zur Geltung zu verhelfen, ist Ausdruck der Volkssouveränität. Dabei spielt nicht nur das aktive Wahlrecht eine Rolle, also die Möglichkeit jedes Bürgers, selber mittels Wahl über die politischen Repräsentanten des Staates und deren Verweildauer im Amt entscheiden zu können und sie

---

9 In diesem Sinne ist auch die Definition von Joseph A. Schumpeter (1950, S. 428) zu verstehen, der Demokratie bezeichnet als *„diejenige Ordnung der Institutionen (…), bei welcher einzelne die Entscheidungsbefugnis vermittels eines Konkurrenzkampfs um die Stimmen des Volkes erwerben"*.

1.2 Staats- und Regierungsformen in der Gegenwart

damit einer Kontrolle zu unterziehen, sondern auch das passive Wahlrecht, also die Möglichkeit, sich selbst für ein Wahlamt zur Verfügung zu stellen. Die Möglichkeit zu wählen, reicht indessen für die Einordnung eines Staates als Demokratie nicht aus. Sie ist *„eine notwendige, aber längst nicht hinreichende Bedingung für demokratisches Regieren"* (Merkel 2013, S. 22).[10] Vielmehr kommt es auf die Qualität von Wahlen bei der Bewertung der Demokratiequalität eines Staates an. Wenn sie regelmäßig durchgeführt werden, frei und fair sind und ein Machtwechsel in der Exekutive im Prinzip möglich ist, können die betreffenden politischen Systeme als Demokratien betrachtet werden (Stykow 2007, S. 16).

Die Gewaltenteilung beinhaltet, dass eine vom Volk durch Wahlen legitimierte Legislative eine verbindliche Ordnung für das Zusammenleben im Staat durch den Erlass von Regeln festlegt, eine Exekutive (Regierung und Verwaltung), die für die Gesetzesvorbereitung und den Gesetzesvollzug verantwortlich ist sowie eine Judikative, die die Einhaltung der Gesetze überwacht, Rechtsstreitigkeiten entscheidet und Strafen bei Verstößen verhängt. Gewaltenteilung bedeutet jedoch nicht, dass die Gewalten nicht miteinander verschränkt sein können. Vielmehr sind sie sogar aufeinander angewiesen. Denn die Exekutive kann nur auf Basis der von der Legislative erlassenen Gesetze handeln, ohne die ausführende Gewalt der Exekutive bleibt die Legislative wirkungslos und die Aufgabe der Judikative liegt darin, die Verfassungsmäßigkeit des Handelns der Legislative und Exekutive zu kontrollieren (Frevel/Voelzke 2017, S. 81).

Die Rechtsstaatlichkeit garantiert die Bindung jeglichen staatlichen Handelns an Recht und Gesetz, d. h. staatliche Maßnah-

---

10 Staaten, in denen es zwar Wahlen gibt, die darüber hinaus jedoch kaum weitere eine Demokratie konstituierende Merkmale aufweisen, werden „elektorale Autokratien" genannt.

men dürfen nicht gegen die Gesetze verstoßen und dürfen nicht ohne gesetzliche Grundlage erlassen werden. Darüber hinaus den Rechtsschutz, der jedem Bürger, der sich in seinen Rechten verletzt fühlt und sich gegen Akte der öffentlichen Gewalt wehren will, die Möglichkeit eröffnet, die Gerichte anzurufen.

Ein zentrales Element eines demokratischen Rechtsstaats besteht auch in der Gewährleistung von Grund- und Menschenrechten, die sich in den bürgerlichen Freiheitsrechten niederschlagen. Zu den zentralen Freiheitsrechten, auf die sich die Bürger in einer Demokratie berufen und die sie notfalls gerichtlich durchsetzen können, zählen das Recht auf Leben und körperliche Unversehrtheit, was ein Verbot der Todesstrafe und Folter einschließt, die Meinungs- und Pressefreiheit, die Vereinigungs- und Koalitionsfreiheit sowie die Versammlungsfreiheit und damit verbunden das Demonstrationsrecht.

In Anbetracht dessen, dass Wahlen nur in Abständen von mehreren Jahren abgehalten werden, bedarf es in einer Demokratie zusätzlicher Partizipationsrechte, die es den gesellschaftlichen Kräften ermöglichen, sich Gehör zu verschaffen und ihre politischen Vorstellungen zu artikulieren. Dies kann u. a. erfolgen durch die Gründung von Parteien, Interessenverbänden und Bürgerinitiativen. Insbesondere ein Mehrparteiensystem ist ein Ausdruck demokratischer Substanz eines Staates.

Wolfgang Merkel (2013, S. 220 ff.) hat ein Konzept entwickelt, das nicht nur auf die zentralen Merkmale einer Demokratie abstellt, sondern darüber hinaus Bedingungen für ihre Persistenz formuliert. In seinem Modell einer „eingebetteten Demokratie" (embedded democracy)[11] geht er davon aus, dass sich eine stabile rechtsstaatliche Demokratie auf fünf Teilregime stützt, wobei er gleichsam als

---

11 Gegenteil der „embedded democracy" ist die „embedded autocracy". Siehe hierzu Schmotz (2017, S. 595 ff.).

1.2 Staats- und Regierungsformen in der Gegenwart

deren Kern das Wahlregime, also die Möglichkeit freier und fairer Wahlen zur Bestimmung aller wichtigen Herrschaftspositionen, sieht. Als weitere Teilregime treten hinzu: politische Partizipationsrechte, bürgerliche Freiheitsrechte, Gewaltenteilung und effektive Regierungsgewalt. Diese Teilregime können indes ihre volle Wirkung nur dann entfalten und die Stabilität und Persistenz von Demokratie gewährleisten, wenn sie sich zum einen wechselseitig ergänzen und begrenzen, zum anderen durch Rahmenbedingungen stabilisiert und gefördert werden und zwar durch: (1) eine stabile sozio-ökonomische Basis, (2) eine funktionierende Zivilgesellschaft sowie (3) eine internationale und/oder regionale Einbindung eines Landes in Organisationen und Bündnisse. Für den Fall, dass eine oder mehrere dieser Komponenten beschädigt oder unterentwickelt sind, sind Defekte für die Demokratie zu erwarten, die von einer Instabilität bis hin zu faktischen Auflösungserscheinungen reichen können. Merkel unterteilt deshalb Demokratien in „eingebettete Demokratien" und „defekte Demokratien".

Frevel/Voelzke (2017, S. 71 f.) weisen darauf hin, dass es möglich sei, einige wesentliche Merkmale zur Beurteilung heranzuziehen, ob ein Staat eine Demokratie ist. Wichtiger sei es jedoch zu überprüfen, ob diese Merkmale nur als Programmplätze Eingang in ein Verfassungsdokument gefunden haben oder ob sie die Wirklichkeit des politischen Systems eines Staates widerspiegeln. Mithin stellt sich also die Frage nach der Kongruenz von Verfassungsnorm und Verfassungswirklichkeit. Ist sie nicht vorhanden, spricht man von Fassaden-Demokratie, gelenkter Demokratie, Scheindemokratie oder aber von defekter Demokratie. Für eine Demokratie charakteristische Institutionen sind hier zwar vorhanden, die politische Willensbildung aber z. B. durch eine bestimmte Partei bevorzugendes Wahlsystem und Unterdrückung von Opposition eingeschränkt; die Meinungsbildung durch ein Medienmonopol im Sinne der Regierung gesteuert; die Unabhängigkeit der richterlichen Gewalt durch politische Einflussnahme nicht gewährleistet. Insofern besteht eine fließende Grenze zur Autokratie. Ein Beispiel hierfür ist Russland, das, wenn man die Verfassungsnorm zugrunde legt, eine Demokratie ist – mit weitgehenden Anleihen bei der Verfassung der V. Französischen Republik (Furtak 1996, S. 945 ff.), in der Verfassungspraxis jedoch autoritäre Züge trägt, weshalb (zumindest seit dem Amtsantritt Putins im Jahr 2000) von einem autoritären Regime gesprochen werden kann.[12]

Als Beispiele einer von Merkel (2013, S. 223 f.) als defekt verstandenen Demokratie lassen sich anführen: Polen, wo die Kontrollmöglichkeiten der Judikative gegenüber der Exekutive und Legislative eingeschränkt worden sind, Ungarn, wo der Staat die Pressefreiheit gefährdet sowie die Türkei, wo die bürgerlichen Freiheits- und Schutzrechte massiv verletzt werden (siehe Kap. 4.2).

Autokratie ist ebenfalls ein Terminus des wissenschaftlichen und politischen Sprachgebrauchs, der aus dem Griechischen stammt; er besteht aus den Worten „autos" (selbst) und „kratein" (herrschen). Er steht damit für eine auf einer „Selbstherrschaft" beruhenden Regierungsform, die nach Loewenstein (2000, S. 28, 50) durch die Existenz eines einzigen Machtträgers (Einzelperson, Komitee, Junta, Partei) gekennzeichnet ist, der keinerlei verfassungsmäßigen Beschränkungen unterworfen ist und deshalb in sich die politischen Grundentscheidungen und ihre Durchführung vereinigt, ohne einer wirksamen Kontrolle unterworfen zu sein. Loewenstein ist indessen nicht so zu verstehen, dass ein Staat ohne Verfassung zwingend eine Autokratie sein muss. Denn, so Hartmann (2015, S. 104), man dürfe nicht jede Verfassung beim Wort nehmen, entscheidend sei vielmehr, dass die Verfassungsregeln ernst genommen würden.

---

12 Zur Einordnung Russlands als Demokratie oder Diktatur siehe Singhofen (2013).

1.2 Staats- und Regierungsformen in der Gegenwart

Deshalb, so schlussfolgert er: *„Wo aber eine Verfassung vorhanden ist, die de facto nichts gilt, begegnen wir der Autokratie".*

Albrecht/Frankenberger (2010, S. 5) definieren Autokratie *„als Restriktion oder Unterdrückung politischer Partizipation, geschlossene und nichtkompetitive Rekrutierung der Exekutiven innerhalb der politischen Elite sowie die weitestgehende Abwesenheit institutioneller Kontrolle der Machtausübung".* Da es für den Begriff Autokratie indes ähnlich wie für den Begriff Demokratie keine allgemein verbindliche Definition gibt, könnte man sich auch damit behelfen, alle Nicht-Demokratien als Autokratien zu bezeichnen (Merkel 2013, S. 225). Allerdings würde man damit unberücksichtigt lassen, dass Autokratie nicht gleich Autokratie ist, sondern dass es wegen unterschiedlicher Merkmale zwei Typen gibt. Es waren vor allem Karl Loewenstein (1957), Juan Linz (1975) sowie in jüngerer Zeit Wolfgang Merkel (2010), die herausgearbeitet haben, dass Autokratien in der Form autoritärer und totalitärer Regime auftreten. Ein autoritäres Regime beansprucht keine umfassende Herrschaft; im Wesentlichen geht es den Herrschenden um ihre Machtausübung und ihren Machterhalt. Es gibt einen begrenzten Interessenpluralismus und eine kontrollierte politische Partizipation. Eine Opposition ist zwar vorhanden, wird aber unterdrückt oder im politischen Wettbewerb benachteiligt. Ein autoritäres Regime hat keine exklusive politische Ideologie. Zahlreiche Beispiele für solche Regime finden sich in Afrika. In Europa könnte man Weißrussland zu diesem Typus zählen.[13]

Ein totalitäres Regime ist hingegen gekennzeichnet durch die Konzentration aller Macht bei einem an der Spitze einer hierar-

---

13 Der weißrussische Präsident Lukaschenko, der in den Medien als „letzter Diktator Europas" bezeichnet wird, wurde bei den Präsidentschafts-Wahlen im Oktober 2015 mit über 80 Prozent der Stimmen für eine fünfte Amtszeit (seit 1994) gewählt. Damit handelt es sich bei Weißrussland um eine Form der „elektoralen Autokratie".

chisch aufgebauten Monopolpartei stehenden Führers, die Umgestaltung von Staat und Gesellschaft nach einer von der Partei als einzig wahr behaupteten Weltanschauung, Terror in Form unkontrollierter, nicht berechenbarer Anwendung physischer und psychischer Gewalt, Verfolgung Andersdenkender durch eine Geheimpolizei, Massenmobilisierung zur Erreichung eines ideologisch gesetzten Ziels (z. B. klassenlose Gesellschaft in der ehemaligen Sowjetunion), zentrale Kontrolle der Massenmedien und zentrale Lenkung der Wirtschaft.[14] Totalitäre Regime waren in der Vergangenheit das nationalsozialistische Deutschland sowie die Sowjetunion unter Stalin. Gegenwärtig zählt Nordkorea und mit Abstrichen China zu diesem Typus.

Auf einen Blick stellen sich, wie Tab. 1.3 zeigt, die Unterschiede der Regierungsformen Demokratie und Autokratie wie folgt dar:

Tab. 1.3 Demokratie und Autokratie im Vergleich

	Demokratie	Autokratie
Primäre Typusmerkmale:		
1. Anzahl der Herrschaftszentren	pluralistisch	monistisch
2. Bestellung der Machtträger aus Sicht des Volkes	autonom	heteronom
3. Machtausübung aus Sicht des Volkes	legitim	illegitim
Sekundäre Typusmerkmale:		
1. Herrschaftsumfang	limitiert	absolut
2. Herrschaftsausübung	gemäßigt	exzessiv

Quelle: Eigene Darstellung in Anlehnung an Brunner (1979, S. 66).

---

14 Zum Begriff Totalitarismus siehe insbesondere Friedrich/Brzezinski (1957) und Arendt (1958).

Demokratien sind also gekennzeichnet durch eine pluralistische, autonome und legitime Herrschaftsstruktur; Autokratien durch eine monistische, heteronome und illegitime Herrschaftsstruktur.

1.3 Politisches System und Regierungssystem[15]

Um *„die Komplexität und vielfältige Verflochtenheit des politischen Geschehens"* (Berg-Schlosser/Mayer/Stammen 1985, S. 159) in einem Staat analytisch zu erfassen, was die Fixierung auf das Regierungssystem nicht zu leisten vermag, haben insbesondere David Easton (1953), Karl W. Deutsch (1963) und Gabriel A. Almond (1966) die vom Soziologen Talcott Parsons (1951) entwickelte Systemtheorie durch Verwendung des Begriffs „politisches System" für die Politikwissenschaft fruchtbar gemacht.

Bei einem politischen System handelt es sich nach diesem Ansatz um eines von mehreren Subsystemen der Gesellschaft. Es ist durch die *„authoritative allocation of values"* (Easton 1953, S. 129) gekennzeichnet. Es unterscheidet sich also von anderen Subsystemen (z. B. dem wirtschaftlichen oder kulturellen) dadurch, dass es durch die Gesamtheit seiner Institutionen und Verfahren gesamtgesellschaftlich verbindliche Entscheidungen über die Verteilung von Werten, Normen und Gütern trifft und durchsetzt, indem es, wie Abb. 1.3 veranschaulicht, die aus dem gesellschaftlichen Umfeld kommenden Inputs in die Umwelt gestaltende Outputs transformiert.

---

15 Die Begriffe Politisches System und Regierungssystem werden in Wissenschaft, Politik und Medien oft als gleichbedeutend verwendet, müssen jedoch unterschieden werden.

Inputs bestehen aus Forderungen und Leistungserwartungen (demands) und, damit diese erfüllt werden können, aus Unterstützungsleistungen (support). Beispiele für Forderungen sind: politische Teilhabe, Straßenbau, öffentliche Sicherheit, soziale Sicherheit und Gerechtigkeit, Bildung, Ausstieg aus der Atomenergie, Umweltschutz. Beispiele für Unterstützungsleistungen sind: Steuern, Beteiligung an Wahlen und ehrenamtliches Engagement. Inputs können auch aus dem internationalen Umfeld kommen, wie z. B. Kriegserklärungen, wirtschaftliche Sanktionen, finanzieller Beistand, Wirtschaftshilfen, Verordnungen und Richtlinien der EU.

Die durch die Transformation von Inputs generierten Outputs sind Handlungen, durch die das politische System auf seine gesellschaftliche Umwelt einwirkt, indem es Maßnahmen zur Befriedigung der demands (zur Regelung gesellschaftlicher Beziehungen) ergreift, was wiederum vom Grad an support abhängen kann. Im Idealfall halten sich Input und Output die Waage. Befriedigt der Output nicht die demands und schwindet damit der support, so kann das politische System, wenn es diese Situation mittels Rückkopplung (feedback) erfasst, durch entsprechende Entscheidungen neuen Input in Form von support erzeugen. Das Feedback, in einer Demokratie in Form von Wahlen und Umfragen, ermöglicht es dem politischen System, die Wirkungen von Entscheidungen im Transformationsprozess zu berücksichtigen und dadurch die Stabilität des Systems zu sichern. Tut es dies nicht, so kann es unter Stress geraten und an Akzeptanz (Loyalität, Legitimität) einbüßen. (Ein Beispiel hierfür ist die DDR: u. a. wegen Nichtbeachtung und Unterdrückung von Forderungen nach politischer Teilhabe, brach es zusammen.)

Zusammenfassend sei festgestellt: Der Begriff politisches System überwindet die Trennung von Staat und Gesellschaft, weil Gesellschaft und politische Entscheidungsträger in einem Handlungs- und Wirkungszusammenhang, in einer wechselseitigen Austausch-

1.3 Politisches System und Regierungssystem

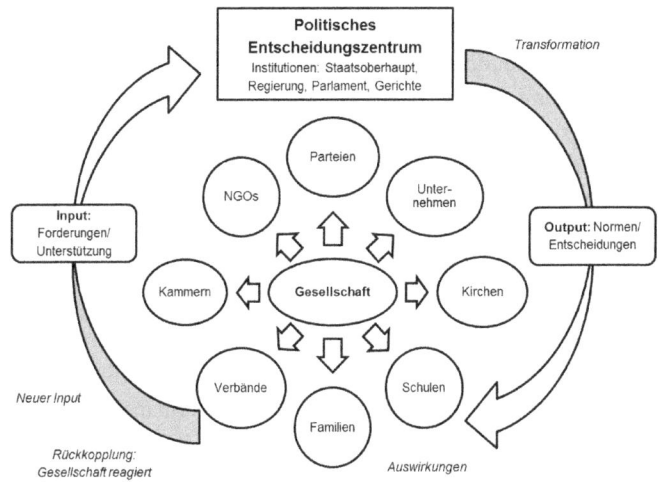

Abb. 1.3 Politisches System
Quelle: Eigene Darstellung in Anlehnung an Easton (1965, S. 32).

-beziehung stehend begriffen werden unter Einschluss aller für das Zustandekommen verbindlicher Entscheidungen relevanten Strukturen und Individuen. Der Begriff Regierungssystem hingegen blendet die gesellschaftliche Dimension aus und nimmt lediglich das politische Entscheidungszentrum in den Blickpunkt der Analyse. Mithin ist das Regierungssystem nur ein Teilbereich des politischen Systems. Es beinhaltet „*die tragenden formal-rechtlichen, mit ihren Prärogativen in der Regel in der Verfassung verankerten Institutionen der politischen Ordnung, ihre innere Struktur, ihr Zusammenwirken und ihre Beziehungen zur Herrschaftsordnung. Es umfasst die obersten Staatsorgane, die beteiligt sind an der Ausübung der mit dem Begriff der 'Staatsgewalten' beschriebenen exekutiven und legislativen Staatsfunktionen: Staatsoberhaupt, Regierung und Parlament*" (Croissant 2010, S. 118).

Im Rahmen der Darstellung von Regierungssystemen geht es also im engeren Sinn um die institutionalisierte Ordnung eines Staates, insbesondere um das Verhältnis zwischen Staatsoberhaupt, Regierung und Parlament, also zwischen Exekutive und Legislative. Bei den exemplarisch im Kapitel 3 behandelten Regierungssystemen Großbritanniens, der USA und Frankreichs sowie ihrer Varianten steht demnach die Polity-Dimension im Mittelpunkt. Sie ist eine von drei Dimensionen des Politischen: Die beiden anderen sind Politics und Policy. Politics befasst sich mit politischen Prozessen – mit der politischen Willensbildung und Entscheidungsfindung und der damit verbundenen Interessenkonkurrenz und Konsensbildung bei der Austragung von Konflikten. Bei Policy schließlich geht es um die inhaltliche Dimension von Politik, also um die Bearbeitung von Politikfeldern (z. B. Sicherheitspolitik, Gesundheitspolitik, Familienpolitik) und deren Resultate.

Lernziele

Nachdem Sie dieses Kapitel durchgearbeitet haben, sollten Sie
- erklären können, welchen Bedeutungswandel die Begriffe Staatsformen und Regierungsformen von der Antike bis zur Gegenwart erfahren haben;
- die unterschiedlichen Staatsformen benennen und anhand von Merkmalen ihre Unterschiede beschreiben können;
- die wesentlichen Merkmale einer Demokratie kennen und diese Regierungsform von der Autokratie unterscheiden können.
- den Unterschied zwischen einem politischen System und einem Regierungssystem erklären können;
- wissen, wie ein politisches System funktioniert und es auf konkrete Beispiele übertragen können.

Typologie und Strukturmerkmale demokratischer Regierungssysteme 2

In der wissenschaftlichen Fachdiskussion wird in der Regel zwischen drei Typen von Regierungssystemen unterschieden: Dem parlamentarischen, dem präsidentiellen und dem semi-präsidentiellen Regierungssystem. Allerdings gibt es auch Fachvertreter, die die Bezeichnung „semi-präsidentiell" für nicht angemessen halten, um die große Bandbreite dieses Typs sachgerecht zu erfassen und deshalb eigene, neue Begriffe vorschlagen. Das folgende Kapitel greift diese Diskussion auf und zeigt, welche Typen von Regierungssystemen und welche sie konstituierende Merkmale es gibt.

2.1 Typen

Die Regierungssystemlehre befasst sich mit der Frage, welche Auswirkungen unterschiedliche institutionelle Arrangements und Designs auf die Art und Weise des Regierens, die Funktionsweise des politischen Systems und die Machtverteilung, Machtkontrolle und Machtbegrenzung haben (Croissant 2010, S. 118; Lauth 2013, S. 115). Konkret geht es u. a. um die Frage, welche Konsequenzen das Verhältnis zwischen Legislative und Exekutive für die Entscheidungs- und Steuerungsfähigkeit, und damit Legitimität von Politik hat (Schüttemeyer 2003, S. 61). Weil es also *„um spezifische institutionelle Konfigurationen auf Ebene der horizontalen Gewaltenteilung"* geht, stehen demokratische Systeme im Fokus der Untersuchung (Helms 2016, S. 143).

In der bundesdeutschen Politikwissenschaft hat sich vor allem Winfried Steffani (1979, 1983, 1995) mit der Typologisierung von Regierungssystemen befasst. Wie Abb. 2.1 zeigt, erblickt Steffani in der Abberufbarkeit der Regierung (durch ein Misstrauensvotum des Parlaments mit zwingender Rücktrittsfolge) das entscheidende (primäre) Merkmal zur Unterscheidung von Regierungssystemen. Wenn Parlamente über ein politisches Abberufungsrecht verfügen, so handelt es sich um ein parlamentarisches Regierungssystem, trifft dies nicht zu, um ein präsidentielles Regierungssystem (1995, S. 631). Mischtypen schließt Steffani aus, entweder sei ein System parlamentarisch, oder präsidentiell.

Zur Unterscheidung von Regierungssystemen zog Steffani auch das *„besondere Kriterium einer geschlossenen oder doppelten Exekutive"* heran (ebd., S. 635). Bei einer doppelköpfigen Exekutive, d. h. Aufgabenteilung zwischen einem Staatsoberhaupt und einem Regierungschef, handelt es sich um ein parlamentarisches System (z. B. Großbritannien, Deutschland); bei einer geschlossenen bzw. monistischen Exekutive – Funktion und Amt des Regierungschefs und des Staatsoberhauptes sind in einer Person vereint – um ein präsidentielles System (z. B. USA).

2.1 Typen

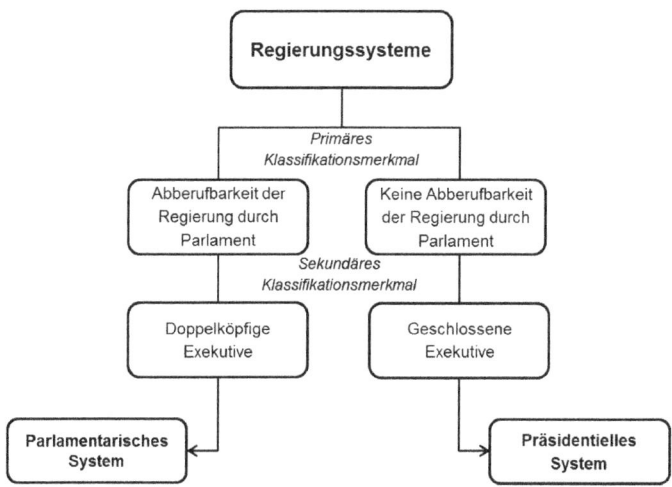

Abb. 2.1 Regierungssystem-Typen
Quelle: Eigene Darstellung in Anlehnung an Steffani (1995, S. 631 ff.).

1980 hat der französische Politologe Maurice Duverger, um der herausragenden Stellung des Staatspräsidenten in der V. Französischen Republik (insbesondere de Gaulles) Rechnung zu tragen, einen eigenen Typus entwickelt: den Semi-Präsidentialismus. Die Bezeichnung steht für eine Kombination von strukturellen Elementen eines parlamentarischen und eines präsidentiellen Systems. Den Semi-Präsidentialismus definierte er durch drei Merkmale: (1) Direktwahl des Staatspräsidenten durch das Volk, (2) Ausstattung des Präsidenten mit beträchtlichen Befugnissen, (3) doppelköpfige Exekutive in Gestalt des Präsidenten und des auf das Vertrauen des Parlaments angewiesenen Regierungschefs (Duverger 1980, S. 66).

Steffani unterzog Duvergers Auffassung, dass es sich beim Semi-Präsidentialismus um einen eigenständigen Typus eines

Regierungssystems handelt, einer vehementen Kritik. Er begründete sie mit dem Verweis auf das primäre Kriterium zur Unterscheidung zwischen einem parlamentarischen und einem präsidentiellen Regierungssystem: Das Recht des Parlaments, die Regierung abzuberufen. Weil in einem von Duverger als semi-präsidentiell charakterisierten System die Regierung vom Parlament abberufen werden kann, sei es ein parlamentarisches System (1995, S. 628 ff.). Der starken Stellung des Präsidenten trug Steffani dadurch Rechnung, dass er ein Regierungssystem, wie dasjenige der V. Französischen Republik, als *„parlamentarisches System mit Präsidialdominanz"* (ebd., S. 639) bezeichnete. Es als *„parlamentarisch-präsidentielles Mischsystem"* zu definieren, wie z. B. Brunner (1979, S. 106), hielt er aus *„sachlich-systematischen Gründen"* für unangemessen (1995, S. 641).

Auf Kritik stieß Duvergers Bezeichnung des französischen Regierungssystems als „semi-präsidentiell" auch bei den US-amerikanischen Politikwissenschaftlern Matthew Soberg Shugart und John Carey. Ihnen zufolge bezeichnet der Begriff „semi-präsidentiell" den Typus eines Regierungssystems *„that is located midway along some continuum running from presidential to parliamentary"*, was in Anbetracht der Spezifika, die ein solcher Typus aufweist, in die Irre führe (1992, S. 23). Beiden Autoren geht es um eine plausible Differenzierung des Semi-Präsidentialismus, weshalb sie drei Typen von Regierungssystemen mit direkt gewählten Staatspräsidenten unterscheiden: Das (1) präsidentielle (analog zu den USA), das (2) premier-präsidentielle, das sie mit dem semi-präsidentiellen Regierungssystem gleichsetzen (ebd., S. 24) und (3) das präsident-parlamentarische. Als premier-präsidentiell charakterisieren Shugart/ Carey Regierungssysteme, in denen ein direkt gewählter Präsident mit einem Premierminister zusammenarbeiten muss, der an der Spitze einer vom Vertrauen der Parlamentsmehrheit abhängigen Regierung steht. Das Staatsoberhaupt verfügt über ein gewisses

Maß an politischer Macht (*„some considerable powers"*), die darin zum Ausdruck kommt, dass er Einfluss auf die Gesetzgebung z. B. mittels eines Vetos, oder, was typischerweise öfter vorkommt, auf das Verfahren der Regierungsbildung nimmt. In der Regel haben Staatspräsidenten in premier-präsidentiellen Regierungssystemen zudem das Recht der Parlamentsauflösung. Präsident-parlamentarische unterscheiden sich von den premier-präsidentiellen Regierungssystemen dadurch, dass Premierminister und Regierung nicht nur von der Parlamentsmehrheit, sondern auch vom Staatspräsidenten abhängig sind, was darin zum Ausdruck kommt, dass letzterer über die Ernennung und Entlassung des Premierministers und der weiteren Kabinettsmitglieder entscheidet (ebd., S. 23 f.). Daraus lässt sich mit Soldner (2010, S. 71) schlussfolgern: *„Präsident-parlamentarische Regierungssysteme weisen somit eine Autoritätsstellung des Staatspräsidenten in Bezug auf die Regierung auf, die erheblich näher an präsidentiellen als an parlamentarischen Kabinetten liegt".*

Die Typologisierungen von Steffani, Duverger sowie Shugart/Carey hält der deutsche Politologe Steffen Kailitz indes für nicht angemessen, um der Vielfalt der Regierungspraxis in allen Staaten der Welt gerecht zu werden. So sei der Typus des Semi-Präsidentialismus zu grob, um z. B. die in Russland und Frankreich stark differierende Art des Regierens unter ein und denselben Systemtypus zu subsumieren. Seine Forderung lautet deshalb: *„Eine Typologie muss vollständig sein und alle Regierungsformen lückenlos erfassen"* (2013, S. 351). Um dieser Forderung gerecht zu werden, zieht Kailitz als Grundlage für eine typologische Zuordnung nicht nur die Verfassungsnorm, sondern auch die Verfassungspraxis heran und unterscheidet sodann fünf Typen von Regierungssystemen: Zu den (1) rein parlamentarischen und (2) rein präsidentiellen Systemen, kommt (3) die „bipolare Exekutive" (Beispiele Frankreich und Polen) hinzu, die durch die Verteilung des politischen Einflusses auf zwei Exekutivämter (ähnlich wie im Semi-Präsidentialismus) gekennzeichnet ist; Regierung und Parlament sind wechselseitig voneinander abhängig, der Präsident ist von Regierung und Parlament unabhängig. Als weitere Typen identifiziert Kailitz (4) den Quasi-Parlamentarismus und (5) den Quasi-Präsidentialismus. Zwischen beiden variiert die Verteilung der Regierungsmacht zwischen Präsident und Premierminister. In quasi-parlamentarischen Systemen konzentriert sich die politische Macht beim Premierminister, der Präsident hat überwiegend nur repräsentative Aufgaben (z. B. Österreich, Finnland); in quasi-präsidentiellen Systemen ist die politische Macht im Präsidentenamt konzentriert (z. B. Russland).

Bei der Befassung mit dem Semi-Präsidentialismus gibt es letztlich zwei Möglichkeiten: Entweder man lehnt diesen Systemtyp gänzlich ab, indem man Steffani folgt und nur eine Dichotomie von parlamentarischen und präsidentiellen Regierungssystemen gelten lässt, oder man taucht in die Vielfalt von Variationen oder gar Mischtypen ein, die zwischen Parlamentarismus und Präsidentialismus liegen, und versucht sie zu beschreiben und einzuordnen, wobei Semi-Präsidentialismus ein eingeführter Begriff ist. Je nachdem, ob das Pendel in Richtung Legislative oder in Richtung Exekutive ausschlägt, könnten Regierungssysteme auch als parlamentarisch-präsidentiell (entspricht dem Quasi-Parlamentarismus) oder als präsidentiell-parlamentarisch (entspricht dem Quasi-Präsidentialismus) bezeichnet werden.[16]

Wenn Regierungssysteme in den Mittelpunkt der Untersuchung gerückt werden, steht, wie bereits erwähnt, die polity-Dimension im Vordergrund. Die damit verbundene Fokussierung auf das Ver-

---

16 Zur Diskussion über Regierungssysteme und deren typologische und begriffliche Verortung siehe unter vielen anderen: Decker (2009); Kailitz (2010); Soldner (2010).

hältnis zwischen Exekutive und Legislative sowie deren Interaktion kann jedoch die Effizienz und Effektivität eines Regierungssystems und damit die Komplexität des Regierens nicht angemessen erfassen (Lauth 2013, S. 119; Helms 2016, S. 148). In diese Lücke stößt der in den Niederlanden geborene und überwiegend in den USA lebende Politologe Arend Lijphart mit der Unterscheidung von Konsens- und Mehrheitsdemokratien. Damit gelingt es ihm, nicht nur die polity- um die policy-Dimension zu ergänzen, indem er die für Funktion und Leistungsprofil von Demokratien wichtigen institutionellen Merkmale wie Wahlsystem, Parteiensystem, Kompetenzaufteilung und parteipolitische Zusammensetzung der beiden Häuser in einem Zweikammersystem, die Strukturen des Verbändewesens und die Kompetenzen der Verfassungsgerichte in den Blick nimmt (Croissant 2010, S. 126), sondern beide auch systematisch zu verbinden als Folge eines veränderten Verständnisses politischer Institutionen, das institutionelle Mechanismen unter Rückgriff auf das kollektive Handeln der Akteure (politics) und den daraus entstehenden Folgen begreift (Lembcke/Hebenstreit 2016, S. 336). Für Abromait/Stoiber (2006, S. 47 f.) hat Lijphart deshalb die *„wohl einflussreichste neuere Typologie von Regierungssystemen"* vorgelegt, für Schmidt (2013, S. 15) ist sie ein *„Meilenstein der Vergleichenden Politikwissenschaft"*.

Befasst man sich mit Typologien demokratischer Regierungssysteme, kann somit zusammenfassend Lauth (2013, S. 117) gefolgt werden, der konstatiert: *„Im Wesentlichen bestimmen zwei Vorschläge die Debatte. (1) Auf der einen Seite sind es parlamentarische und präsidentielle Regierungssysteme mit diversen Unterformen oder Mischtypen. (2) Auf der anderen Seite ist es maßgeblich die Unterscheidung zwischen Konsens – und Mehrheitsdemokratie, die von Arend Lijphart (1999) eingeführt wurde"*.

2.2 Strukturmerkmale

2.2.1 Parlamentarische Demokratie

Das parlamentarische Regierungssystem hat seinen Ursprung in Großbritannien, wo sich seit Ende des 17. Jahrhunderts das Prinzip der Abhängigkeit der Regierung von der Parlamentsmehrheit herausbildete. Dies bedeutet, dass die Regierung aus der Parlamentsmehrheit hervorgeht, wobei es keine Rolle spielt, ob der Regierungschef in einem förmlichen Wahlakt vom Parlament bestimmt wird, wie in Deutschland, oder das Staatsoberhaupt den Regierungschef ernennt, wie z. B. in Italien.

Wichtigstes Merkmal von parlamentarischen Systemen ist die Abberufbarkeit des Regierungschefs bzw. der gesamten Regierung durch das Parlament (in Deutschland des Kanzlers durch das in Art. 66 GG verankerte konstruktive Misstrauensvotum), was eine besondere Beziehung zwischen Exekutive und Legislative schafft. Die Durchsetzung der politischen Programmatik sowie der Bestand der Regierung sind von der Parlamentsmehrheit abhängig. Die Regierung muss sich ständig der Unterstützung der sie tragenden Mehrheit vergewissern; dies geschieht in der Regel mit der Einbringung von in Koalitionsverhandlungen beschlossenen Gesetzesinitiativen in das Parlament. Sollte sich die Regierung mehrfach über den Willen der Regierungsmehrheit hinwegsetzen, könnte diese ihr die Gefolgschaft verweigern, womit ihr Fortbestand gefährdet wäre.

In parlamentarischen Systemen besitzt der Regierungschef die Möglichkeit, die Auflösung des Parlaments und Neuwahlen zu initiieren, was als Gegenstück zur Befugnis des Parlaments, die Regierung abzuberufen, zu verstehen ist. Die Auflösung des Parlaments und Neuwahlen können entweder unmittelbar durch den Regierungschef erfolgen (dies war in Großbritannien bis 2011 der

2.2 Strukturmerkmale

Fall) oder mittelbar, wie in Deutschland, wo der Bundespräsident nach einer gescheiterten Vertrauensfrage des Bundeskanzlers auf dessen Vorschlag hin den Bundestag auflösen kann.

Die parlamentarische Kontrolle der Regierung wird de facto durch die Opposition wahrgenommen. Sie gilt als Regierung im Wartestand, die hoffen muss, bei der nächsten Wahl eine Mehrheit zu erringen. Damit die Opposition bei Abstimmungen im Parlament nicht vereinzelt obsiegen kann und um die Funktions- und Durchsetzungsfähigkeit der Regierung kontinuierlich über eine Legislaturperiode hinweg zu gewährleisten, wird den die Regierung im Parlament tragenden Abgeordneten eine strenge Fraktionsdisziplin „verordnet". Doch Abgeordnete haben indes auch ein „freiwilliges" Interesse am Erfolg der Regierung. Denn ihre Chancen bei der nächsten Wahl erneut ein Mandat zu erringen, hängt hiervon ab. Regierung und Parlamentsmehrheit sind daher in einer politischen Schicksalsgemeinschaft miteinander verbunden.

Ein weiteres grundlegendes Merkmal eines parlamentarischen Regierungssystems ist die doppelköpfige Exekutive aus Staatsoberhaupt und Regierungschef – beide sind eigenständige Amtsinhaber. Das Staatsoberhaupt nimmt in der Regel über die Ratifizierung von Parlamentsbeschlüssen und die Ernennung von Regierungsmitgliedern hinaus im Wesentlichen jedoch nur repräsentative Aufgaben wahr, unabhängig davon, ob es sich um eine Republik oder um eine (parlamentarische) Monarchie handelt. Gleichwohl gibt es auch hier Unterschiede. Während die Königin in Großbritannien Gesetze des Unterhauses einfach nur bestätigt, besitzt der Bundespräsident in Deutschland ein eigenständiges Prüfungsrecht.

Als eher untergeordnetes Merkmal für die Einordnung eines Regierungssystems als parlamentarisch gilt die Frage der Kompatibilität von Amt und Mandat. Die Übernahme eines Regierungsamtes und die Wahrnehmung eines parlamentarischen Mandats sind in parlamentarischen Systemen in der Regel vereinbar (Hartmann 2013, S. 17 ff.; Stykow 2007, S. 198).

2.2.2 Präsidentielle Demokratie

Präsidentielle Regierungssysteme sind weniger verbreitet als parlamentarische. Als das präsidentielle System par exellence gilt dasjenige der USA. Nach weitgehend amerikanischem Vorbild präsidentiell verfasst sind lateinamerikanische Staaten, ebenso einige asiatische Staaten wie z. B. Indonesien, die Philippinen und Südkorea; in Europa ist das nur bei Zypern der Fall.

Zentrales Merkmal präsidentieller Systeme ist die fehlende Abberufbarkeit der Regierung durch das Parlament (z. B. im Wege eines Misstrauensvotums). Komplementär hierzu verfügt der Regierungschef über kein Recht zur Parlamentsauflösung. Diese wechselseitige Unabhängigkeit von Exekutive und Legislative ist dadurch begründet, dass beide Gewalten in jeweils getrennten Wahlen direkt vom Volk legitimiert sind, womit ihre Eigenständigkeit gestärkt wird. Gleichwohl sind beide auf eine institutionelle Zusammenarbeit angewiesen, um einen Ausgleich unterschiedlicher Interessen zu erzielen.

Ein zweites grundlegendes Merkmal ist die monistische bzw. geschlossene Exekutive. D. h. das vom Volk gewählte Staatsoberhaupt, das als Präsident amtiert, bekleidet in Personalunion das Amt des Regierungschefs. Kennzeichnend für präsidentielle System ist ferner das Inkompatibilitätsgebot, d. h. Inhaber eines Regierungsamtes dürfen nicht gleichzeitig Mitglied der Legislative sein. Die Fraktionsdisziplin der Abgeordneten ist schwach, weil sie weniger ihren Parteien als vielmehr gegenüber ihren Wählern rechenschaftspflichtig sind und der Bestand der Regierung nicht von

2.2 Strukturmerkmale

ihrer stetigen und verlässlichen Unterstützung abhängt (Koschut 2013, S. 63 ff.; Stykow 2007, S. 196 f.).

Eine Gegenüberstellung der wichtigste Unterscheide zwischen parlamentarischer und präsidentieller Demokratie zeigt Tab. 2.1.

Tab. 2.1 Parlamentarische und präsidentielle Demokratie im Vergleich

Parlamentarisch	Präsidentiell
• Abberufbarkeit der Regierung durch das Parlament	• Nicht-Abberufbarkeit der Regierung durch das Parlament
• Abhängigkeit der Regierung von der Parlamentsmehrheit	• Unabhängigkeit der Regierung vom Parlament
• Doppelköpfige Exekutive aus Präsident und Regierungschef	• Geschlossene Exekutive (Personalunion von Präsident und Regierungschef)
• Auflösung des Parlaments durch Regierung	• Kein Auflösungsrecht der Regierung gegenüber dem Parlament
• Kompatibilität von Regierungsamt und Parlamentsmandat	• Unvereinbarkeit von Regierungsamt und Parlamentsmandat
• Hohe Fraktionsdisziplin	• Geringe Fraktionsdisziplin

Quelle: Eigene Darstellung

Ein Sonderfall unter den präsidentiellen Regierungssystemen ist die Kollegialregierung der Schweiz. Die Bezeichnung leitet sich davon ab, dass die Bundesrat genannte Regierung ein Kollegialorgan ist, dessen sieben von der Bundesversammlung (in gemeinsamer Sitzung von Nationalrat und Ständerat, der Vertretung der Kantone) für vier Jahre gewählten und nicht abberufbaren Mitglieder gleichberechtigt sind. Die Bundesversammlung wählt unter den Regierungsmitgliedern für die Dauer eines Jahres den Bundespräsidenten, der, unter Beibehaltung seines Ressorts, die Bunderatssitzungen leitet und die Schweiz nach innen und außen repräsentiert. Nicht er ist jedoch das Staatsoberhaupt, sondern der Bundesrat in seiner Gesamtheit.

2.2.3 Semi-präsidentielle Demokratie

Das semi-präsidentielle Regierungssystem hat eine doppelköpfige Exekutive mit dem Präsidenten und einem Regierungschef, die sich die Regierungsmacht teilen. Wie stark der jeweilige Anteil an der Regierungsmacht ist, hängt von der jeweiligen Mehrheitskonstellation im Parlament ab. Besitzt die Partei des Präsidenten eine Mehrheit im Parlament, übernimmt er quasi in Personalunion das Amt des Regierungschefs; der von ihm ernannte Premierminister wird in die Rolle eines Ausführungsorgans präsidialer Entscheidungen versetzt. Gehören indes der Staatspräsident und die stärkste Fraktion im Parlament zwei entgegengesetzten politischen Lagern an, womit dem Präsidenten keine eigene Mehrheit im Parlament zur Verfügung steht, ernennt er einen der Mehrheitsfraktion zuzurechnenden Kandidaten zum Premierminister. In einer solchen Konstellation, „Kohabitation" genannt, verlagern sich die Gewichte der Machtverteilung zugunsten des allein vom Vertrauen der Nationalversammlung abhängigen Premierministers – er bestimmt die Richtlinien der Politik, soweit dies nicht, wie in Frankreich, dem Präsidenten aufgrund der „Domaine reservé" zusteht. Der Präsident ist also in seinen Kompetenzen stark eingeschränkt und auf eine enge Zusammenarbeit mit der Regierung und der sie tragenden Parlamentsmehrheit angewiesen (Hartmann 2013, S. 20 f.).

Die im Wesentlichen – außer in Phasen einer Kohabitation – starke Stellung des Präsidenten ist dadurch legitimiert, dass er vom Volk gewählt ist. Von der Parlamentsmehrheit ist der Präsident unabhängig, d. h. er kann vom Parlament nicht abgesetzt werden, wohl aber selbst das Parlament auflösen. Die Regierung ist dagegen vom Vertrauen des Parlaments abhängig und kann durch ein Misstrauensvotum gestürzt werden, was für Steffani der ausschlaggebende Grund dafür war, semi-präsidentielle Systeme als parlamentarische Systeme zu bezeichnen. Regierungsamt und Parlamentsmandat sind nicht kompatibel, die Fraktionsdisziplin ist eher stark.

2.2.4 Konsens- und Mehrheitsdemokratie

Die Grundlage für seine Typologie der Konsens- und Mehrheitsdemokratie legte Arend Lijphart 1984 in seinem Werk „Democracies: Patterns of Majoritarian and Consensus Government in Twenty-one Countries". Eine Erweiterung folgte 1999 in „Patterns of Democracy: Government Forms and Performance in Thirty-Six Countries". Seit 2012 liegt die neubearbeitete und aktualisierte Fassung vor, in der er die 36 Länder und ihre Systeme im Zeitraum von 1945 bis 2010 untersucht hat.

Der Typus der in der einschlägigen Literatur auch als Konkordanzdemokratie bezeichneten Verhandlungs-, oder Konsensdemokratie impliziert, dass regional, ethnisch, religiös, kulturell, ideologisch segmentierte Gesellschaften nicht instabile Demokratien hervorbringen müssen. Vielmehr zeigen die Konfliktregelungsmuster z. B. in der Schweiz, dass auch derart gesellschaftlich gespaltene Staaten stabil und demokratisch regiert werden können, wenn zur intersegmentären Verständigung und Konfliktregelung bestimmte, als demokratisch subsumierte Verfahren Anwendung finden: Die Besetzung von Positionen im Staat – unter Hintansetzung der jeweiligen Mehrheitsverhältnisse – nach dem Proporz-

oder Paritätsprinzip und die Entscheidungsfindung nach dem Konsensprinzip. Während die Konsensdemokratie durch Machtteilung gekennzeichnet ist, ist die auch als Konkurrenzdemokratie bezeichnete Mehrheitsdemokratie durch Machkonzentration gekennzeichnet.

Die zwei Idealtypen von Konsens- und Mehrheitsdemokratie bieten die Möglichkeit, Entwicklungsprozesse eines demokratischen Systems zu analysieren (Croissant 2010, S. 84); für Lembcke/ Hebenstreit (2016, S. 376) besteht Lijpharts Leistung darin, den erheblichen Anstieg an demokratischen Regierungssystemen, die sich innerhalb der letzten fünfzig Jahre nahezu verdreifacht haben, systematisch aufgearbeitet zu haben. Mit Hilfe der nachfolgenden zehn Strukturmerkmale überwindet Lijphart (2012, S. 3 f.) den typologischen Gegensatz zwischen parlamentarischen und präsidentiellen Regierungssystemen:

1. Grad der Konzentration der Exekutivgewalt
2. Kräfteverhältnis zwischen Legislative und Exekutive
3. Fragmentierungsgrad des Parteiensystems
4. Wahlsystem
5. System der Interessensgruppen und Verbände
6. Organisation der Staatsstruktur
7. Aufteilung der Legislativmacht
8. Schwierigkeitsgrad der Veränderbarkeit der Verfassung
9. Letztentscheidungsrecht über die Gesetzgebung
10. Grad der Autonomie der Zentralbank

Wie Tabelle 2.2 zeigt, zählen die ersten fünf Merkmale zur „Exekutive-Parteien-Dimension", die sich mit dem Ausmaß der politische Gestaltungsmacht und den Handlungsspielraum der wesentlichen politischen Akteure befasst, die weiteren fünf zur „Föderalismus-Unitarismus-Dimension", die den Fokus auf die

2.2 Strukturmerkmale

Machtkonzentration entgegenwirkender potentieller Vetospieler richtet (Lembcke/Hebenstreit 2016, S. 379).

Tab. 2.2 Merkmale von Konsens- und Mehrheitsdemokratie

Dimension	Konsensdemokratie	Mehrheitsdemokratie
Exekutive-Parteien-Dimension	1. Aufteilung der Exekutivmacht auf eine Koalitionsregierung	1. Konzentration der Exekutivmacht in den Händen einer alleinregierenden Partei
	2. Kräftegleichgewicht zwischen Exekutive und Legislative	2. Dominanz der Exekutive über die Legislative
	3. Existenz eines Vielparteiensystems	3. Existenz von zwei mehrheitsfähigen Parteien
	4. Verhältniswahlrecht	4. Mehrheitswahlrecht
	5. Korporatistisches Verbändesystem	5. Pluralistisches Verbändesystem
Föderalismus-Unitarismus-Dimension	6. Bundesstaat	6. Zentralstaat
	7. Zweikammersystem	7. Einkammerparlament
	8. Verfassung nur mit einer qualifizierten Mehrheit veränderbar	8. Verfassung mit einer einfachen Mehrheit veränderbar
	9. Überprüfung der Gesetzgebung durch oberste Gerichte bzw. Verfassungsgerichte	9. Letztentscheidungsrecht der Legislative über die Gesetzgebung
	10. Autonome Zentralbank	10. Abhängigkeit der Zentralbank von der Exekutive

Quelle: Eigene Darstellung auf der Grundlage von Lijphart (2012, S. 3 f.).

Reine Konsensdemokratien zeichnen sich somit durch folgende Strukturmerkmale aus: Der Regierung kommt die Aufgabe zu, die vielfältigen, oft konträren, gesellschaftlichen Interessen möglichst umfassend zu berücksichtigen. Die Inklusion wird unterstützt durch ein aus einem Verhältniswahlrecht resultierendes Vielparteiensystem; eine Koalitionsregierung aus mehreren Parteien ist die Folge. Das Kräftegleichgewicht zwischen Exekutive und Legislative stützt sich auf die dezentrale Organisation der Konsensdemokratie und auf ein Zweikammersystem, das zur „Entschleunigung" des Gesetzgebungsprozesses beitragen kann. Für eine Verfassungsänderung bedarf es einer großen Mehrheit, die Gültigkeit von Gesetzen wird von einem unabhängigen Verfassungsgericht überprüft und verfassungswidrige Gesetze verworfen. Zentralbanken verfügen über einen regierungsunabhängigen Handlungsspielraum (Lembcke/ Hebenstreit 2016, S. 377).

Reine Mehrheitsdemokratien sind demgegenüber dadurch gekennzeichnet, dass die als Sieger aus einer Wahl hervorgegangene Partei ohne Rücksicht auf einen Koalitionspartner „durchregieren" kann. Die Machtkonzentration ist institutionell abgesichert durch ein Mehrheitswahlsystem, das für klare Verhältnisse sorgt. Die Wahrscheinlichkeit eines ohne „Störfeuer" von „außen" praktizierten Durchregierens steigt, sofern es sich bei der Mehrheitsdemokratie um einen zentralistischen Einheitsstaat handelt. Das Übergewicht der Exekutive gegenüber der Legislative verstetigt sich, wenn es weder eine zweite Kammer noch einen Verfassungsgerichtshof gibt, die dem Willen der Exekutive etwas entgegensetzen können. Da in Mehrheitsdemokratien die Zentralbank unter dem Einfluss der Regierung steht und die Verfassung bei Bedarf mit einfacher Mehrheit geändert werden kann, besitzt die Parlamentsmehrheit und die von ihr getragene Regierung einen genügend großen Spielraum zur Umsetzung ihres politischen Programms (ebd., S. 376).

2.2 Strukturmerkmale

Die anhand der zehn Strukturmerkmale vorgenommene Analyse zeigte, dass in keinem der 36 untersuchten Staaten eine Konsens- bzw. eine Mehrheitsdemokratie als „Realtyp" existiert. Vielmehr gibt es Staaten, die überwiegend konsensdemokratisch verfasst sind, während andere überwiegend mehrheitsdemokratisch verfasst sind (Lijphart 2012, S. 249 ff.). Lijphart kommt darüber hinaus zum Ergebnis, dass „*as far as the executives-parties dimension is concerned, majoritarian democracies do not outperform the consensus democracies on effective government and effective policy-making*". Vielmehr, so Lijphart, „*consensus democracies do clearly outperform the majoritarian democracies with regard to the quality of democracy and democratic representation as well as with regard to (…) the kindness and gentleness of their public policy orientations*" (Lijphart 2012, S. 295).

Lijpharts Erkenntnis, dass also Konsensdemokratien in Bezug auf Demokratiequalität, demokratische Repräsentation und Gemeinwohlorientierung Mehrheitsdemokratien überlegen sind, stieß auf Kritik: So u. a. bei Schmidt (2013, S. 11 f.), der auf die Problematik hinweist, dass der von Lijphart konstatierte Leistungsvorsprung der Konsensdemokratie nur durch die Exekutive-Parteien-Dimension bestätigt wird, was ihn schlussfolgern lässt, dass entweder Lijpharts Hauptthese von der besseren Policy-Performanz der Konsensdemokratie wenig taugt, die Indikatoren der Föderalismus-Unitarismus-Dimension belanglos für die Unterscheidung von Konsens- und Mehrheitsdemokratie sind oder, was er als Begründung bevorzugt, es nicht nur zwei Welten der Demokratie – Konsens- und Mehrheitsdemokratie – gibt, sondern deren vier und zwar: (1) einheitsstaatliche Mehrheitsdemokratien, (2) föderalistische Mehrheitsdemokratien, (3) einheitsstaatliche Konsensdemokratien und (4) föderalistische Konsensdemokratien. Die in diesem Band schwerpunktmäßig behandelten Länder Großbritannien, USA, und Frankreich sind Mehrheitsdemokratien; Deutschland zuzuordnen fällt schwierig, da sein politisches System Merkmale sowohl der Konsens- als auch der Mehrheitsdemokratie aufweist.

Mit Salzborn (2012, S. 85) kann zusammenfassend festgestellt werden: *„Die Differenzierung der Demokratie in die Idealtypen der Mehrheits- und der Konsensdemokratie bietet die Möglichkeit für die vergleichende Demokratieforschung, sowohl systematische Differenzen wie auch Entwicklungsprozesse eines demokratischen Systems zu analysieren".* Gleichwohl weist Lijpharts Ansatz auch Mängel in Bezug auf theoretische Grundannahmen, Operationalisierung, methodisches Vorgehen und Datenauswertung auf.[17]

Lernziele

Nachdem Sie dieses Kapitel durchgearbeitet haben, sollten Sie
- die wesentlichen Strukturmerkmale einer parlamentarischen, einer präsidentiellen und einer semi-präsidentiellen Demokratie benennen und deren Gemeinsamkeiten und Unterschiede gegenüberstellen können;
- das Untersuchungs-Design von Arend Lijphart verstanden haben;
- anhand von Merkmalen den Unterschied zwischen einer Konsens- und einer Mehrheitsdemokratie erklären können.

---

17 Siehe stellvertretend für eine Kritik: Croissant (2010, S. 130 ff.); Lemcke/Hebenstreit (2016, S. 385 ff.).

Beispiele für demokratische Regierungssysteme 3

Im folgenden Hauptkapitel werden beispielhaft für ein parlamentarisches Regierungssystem Großbritannien, für ein präsidentielles die USA und für ein semi-präsidentielles Frankreich behandelt. Für einen besseren Zugriff und Vergleich sind alle drei Länderstudien identisch aufgebaut. Zunächst werden die jeweiligen verfassungsrechtlichen Grundlagen herausgearbeitet, anschließend der Staatsaufbau dargestellt. Im Mittelpunkt der Darstellung steht das Verhältnis zwischen Exekutive und Legislative und damit verbunden die Frage, welche Aufgaben und Befugnisse die Staatsorgane haben, wie sie aufgebaut und voneinander abhängig sind und welche Kontrollmöglichkeiten vorgesehen sind. Im Ergebnis wird deutlich werden, dass das jeweilige Verhältnis zwischen Staatsoberhaupt, Regierung bzw. Regierungschef und Parlament und die Interaktion dieser Organe variiert. Unterschiede zwischen den drei Ländern bestehen auch, wie ferner gezeigt wird, im Hinblick auf das Parteiensystem.

Um den Erkenntnisgewinn für den Leser auf eine breite Basis zu stellen, werden am Ende der drei Länderstudien im Sinne von Varianten die Regierungssysteme weiterer Länder in ihren

Grundzügen vorgestellt. Damit soll gezeigt werden, dass es nicht nur Unterschiede zwischen den drei Typen von Regierungssystemen gibt, sondern dass auch innerhalb eines Typus das Kräfteverhältnis zwischen Exekutive und Legislative differiert. Dies wird exemplarisch verdeutlicht anhand der Regierungssysteme Deutschlands und Italiens als Varianten eines parlamentarischen Regierungssystems, Mexikos und Südkoreas als Varianten eines präsidentiellen Regierungssystems und schließlich Polens als Variante eines semi-präsidentiellen Regierungssystems.[18]

3.1 Das parlamentarische Regierungssystem Großbritanniens

3.1.1 Konstitutive Elemente

Das heutige Großbritannien ist Ergebnis einer im Laufe der Zeit erfolgten Zusammenfügung von Wales, Schottland und Irland mit dem Landesteil England. Mit dem Act of Union 1535 wurde Wales Teil des englischen Königreichs, die Vereinigung der Königreiche Schottland und England erfolgte durch den Act of

---

18 Als semi-präsidentiell wird in der Literatur häufig auch das Regierungssystem Russlands bezeichnet. Dieser Zuordnung steht entgegen, dass ihm ein wesentliches Merkmal der parlamentarischen Komponente des Semi-Präsidentialismus insofern fehlt, als der Präsident ein von der Staatsduma (der ersten Parlamentskammer) der Regierung ausgesprochenes Misstrauen ignorieren kann. Der Vertrauensentzug hat also nicht zwangsläufig die Entlassung der Regierung zur Folge. Des Weiteren steht der Zuordnung entgegen, dass der Ministerpräsident nicht aus der Staatsduma hervorgeht, mithin keine eigene parlamentarische Machtbasis hat, so dass eine dem Semi-Präsidentialismus inhärente Konstellation einer Kohabitation nicht eintreten kann.

3.1 Das Regierungssystem Großbritanniens

Union 1707, womit das Königreich Großbritannien entstand. Das Königreich Irland schloss sich durch den Act of Union 1800 mit dem Königreich Großbritannien zum Vereinigten Königreich von Großbritannien und Irland zusammen. Diese Verbindung hatte jedoch keinen Bestand, denn 1921 gründeten 26 irischen Grafschaften den Irischen Freistaat (seit 1949 Republik Irland). Die sechs nordirischen Provinzen blieben bei der Union, womit das Vereinigte Königreich von Großbritannien und Nordirland (1927) entstand, das vom englischen Landesteil dominiert und vom Parlament in Westminster regiert wird (Becker 2002, S. 21). Erst durch die Devolutionspolitik gewannen die nicht-englischen Landesteile (wieder) an Autonomie.

Großbritannien ist eine konstitutionelle Erbmonarchie mit einem parlamentarischen Regierungssystem. Die rechtliche und organisatorische Grundordnung des Staates ist allerdings nicht in einer Verfassung geregelt, wenn man sich unter ihr eine Verfassungsurkunde (in einem zusammenhängenden Text) vorstellt, in der geregelt sind: Staatsform, Regierungsform, Struktur des Staatsverbandes, Grundprinzipien des Staates, Legitimierung und Verteilung der politischen Macht, Verantwortlichkeit, Bestellung, Organisation und Funktionen der Staatsorgane und Verhältnis des Staates zu seinen Bürgern. Geht man indes davon aus, dass eine Verfassung ein System fundamentaler Prinzipien und Regeln beinhaltet, auf deren Grundlage politisch-autoritative Entscheidungen getroffen werden, besitzt Großbritannien eine (ungeschriebene) Verfassung. Sie ist das Ergebnis eines Jahrhunderte währenden Prozesses, in dem die Macht der Krone sukzessive geschwächt und das Parlament und die Regierung bzw. der Premierminister gestärkt wurden. Wichtige Wegmarken dieses Prozesses sind (1) die Magna Charta (1215): Sie beinhaltete u. a. den Schutz des Hochadels und des Klerus vor willkürlicher Verhaftung, die Garantie des Eigentums und die Mitsprache bei der Erhebung von Steuern; (2)

die Petition of Rights (1627): Sie verpflichtete den Monarchen, zur Steuererhebung die Zustimmung des Parlaments einzuholen; (3) die Habeas Corpus Akte (1679): Sie sah im Falle einer Inhaftierung das Recht auf unverzügliche Haftprüfung durch ein ordentliches Gericht vor; (4) die Bill of Rights (1689): Sie verbot dem Monarchen die Suspendierung von Gesetzen, womit sie das Gesetz über dessen Willen stellte, garantierte freie Wahlen zum Unterhaus und den Abgeordneten Redefreiheit. Walter Bagehot erklärte in seinem Werk „The English Constitution" (1867) Monarch und Oberhaus zu den „dignified parts", das Unterhaus und die Regierung zu den „efficient parts" der Verfassung.

Neben diesen historischen Dokumenten speist sich die (ungeschriebene) britische Verfassung aus drei weiteren Quellen: Gewohnheitsrecht, Konventionen, Gesetzesrecht: Das Gewohnheitsrecht (common law) besteht aus einer Vielzahl von Rechtsregeln, die im Laufe der Jahrhunderte durch Rechtsprechung entstanden sind. Für die Entscheidung neuer Streitfälle wird auf Präzedenzfälle zurückgegriffen, Entscheidungen höherer Gerichte werden von den nachgeordneten Gerichten übernommen. Erst wenn eine Frage vom Parlament gesetzlich geregelt wird, findet das common law seine Grenzen (Becker 2002, S. 29 f.).

Die Verfassungskonventionen (constitutional conventions) regeln die Beziehungen zwischen den Staatsorganen. Es handelt es sich hier um schriftliche nicht fixierte Handlungsanweisungen, auf die sich Krone, Regierung, Unterhaus, Oberhaus und Parteien stillschweigend geeinigt und die sie für sich als verbindlich anerkannt haben. Beispiele für solche Konventionen sind:

- das Recht des Premierministers, das Parlament jederzeit aufzulösen und Neuwahlen anzusetzen (2011 abgeschafft);
- die Bestätigung der Gesetzesbeschlüsse des Parlaments durch die Krone;

- der Rücktritt des Premierministers im Falle einer verlorenen Vertrauensabstimmung im Parlament;
- die Beauftragung des Führers der größten Unterhausfraktion mit der Regierungsbildung durch die Krone;
- die zwingende Mitgliedschaft des Premierministers im Unterhaus (Hartmann 2011, S. 58 f.).

Beim Gesetzesrecht (statuary law) handelt es sich um Parlamentsgesetze, mit denen wichtige Verfassungsfragen geregelt werden. Beispiele hierfür sind (1) Acts of Parliament (1911 und 1949): 1911 verlor das Oberhaus das Vetorecht in Finanzfragen, 1949 wurde es weiter geschwächt, indem ihm das Recht entzogen wurde, einen Gesetzesentwurf des Unterhauses zu verhindern – es bekam nur noch ein suspensives Veto zugestanden, mit dem es die Verabschiedung von Gesetzen hinauszögern konnte; (2) Act of Parliament (1958): Für verdiente Persönlichkeiten wurde im Oberhaus der Status der Peers auf Lebenszeit eingeführt; (3) Devolutionsgesetze 1998: Sie sahen eine größere Autonomie für Schottland, Wales und Nordirland vor und (4) Constitutional Reform Act (2005): Mit ihm wurde das Justizwesen reformiert und ein oberster Gerichtshof (Supreme Court) eingerichtet, der die oberste gerichtliche Instanz in Zivilsachen für das gesamte Vereinigte Königreich darstellt und teilweise auch mit Verfassungsfragen befasst wird.

Seit dem Beitritt Großbritanniens 1973 zur EU gibt es eine zusätzliche Quelle für die ungeschriebene britische Verfassung: Die Anerkennung der Urteile des Europäischen Gerichtshofes aufgrund des Vorrangs des EU-Rechts. Hinzu kommt die Anerkennung der Urteile des Europäischen Gerichtshofes für Menschenrechte. 1950 war Großbritannien Erstunterzeichner der Europäischen Menschenrechtskonvention des Europarates, 1998 wurde sie ins britische Recht übernommen.

Die britische Verfassung wird durch die politische Praxis beeinflusst und verändert. Sie gibt einen Rahmen vor, der flexibel ist und sich neuen politischen Gegebenheiten stets anzupassen vermag. Einen Unterschied oder gar Gegensatz zwischen Verfassungsnorm und Verfassungswirklichkeit gibt es deshalb nicht (Schieren 2010, S. 30).

Die Verfassung beruht auf zwei grundlegenden Prinzipien: der „rule of law" (Herrschaft des Rechts) und der „sovereignty of parliament" (Parlamentssouveränität). Die „rule of law", die dem Rechtsstaatsprinzip in Deutschland entspricht, hat ihren Ursprung in der Magna Charta und beinhaltet den Grundsatz der Unterordnung aller Bürger, auch des Monarchen, unter die Herrschaft der vom Parlament erlassenen Gesetze. Weil es keinen Unterschied gibt zwischen Verfassungsrecht und Gesetzesrecht, erübrigt sich eine Überprüfung von Parlamentsgesetzen an höherrangigem Recht, wie z. B. in Deutschland am Grundgesetz oder in den USA an der US-Verfassung; folglich gibt es keine Verfassungsgerichtsbarkeit, die Rechtsakte auf ihre Verfassungskonformität überprüfen kann (ebd., S. 38 f.).

Parlamentssouveränität bedeutet, dass es eine dem Parlament übergeordnete Institution nicht gibt. Das Parlament, zu verstehen als Unterhaus, Oberhaus und Monarch („King/Queen in Parliament"), ist berechtigt, Regeln für das Gemeinwesen aufzustellen mit Ausnahme der der Krone vorbehaltenen Regelungsbereiche (royal prerogatives). Im Einzelnen beinhaltet die Parlamentssouveränität folgende Merkmale: (1) Das Parlament hat ohne Einschränkung das Recht, Gesetze zu beschließen oder abzuschaffen. (2) Niemand, auch nicht der Monarch, hat das Recht ein vom Parlament beschlossenes Gesetz außer Kraft zu setzen oder zu ignorieren. (3) Kein Parlament kann ein nachfolgend gewähltes Parlament durch seine Gesetzgebung binden (Sturm 2017, S. 31).

Mit der Anerkennung des europäischen Rechts (EU und Europarat) durch Großbritannien schienen Auflösungserscheinungen des Absolutheitsanspruchs der Parlamentssouveränität verbunden zu sein (Sturm 2015, S. 66). Die Brexit-Entscheidung vom Juni 2016 stoppt allerdings diese Entwicklung.

Das Prinzip der Parlamentssouveränität darf jedoch nicht mit einer starken Stellung des Parlaments gleichgesetzt werden. Denn das Parlament, genauer die Mehrheit des Unterhauses, hat die Entscheidungsmacht an die aus ihr hervorgegangene Regierung und den von ihr unterstützten Premierminister abgetreten, was u. a. dadurch zum Ausdruck kommt, dass der Premierminister die Tagesordnung im Unterhaus bestimmt und damit dessen Entscheidungen vorbereitet (Abromait/Stoiber 2006, S. 82 f.).

3.1.2 Staatsaufbau

Bis in die 1970er Jahre war Großbritannien von der Staatsform her ein zentral regierter Einheitsstaat ungeachtet dessen, dass zum Vereinigten Königreich neben England auch Schottland, Wales und Nordirland gehörten. Dann setzte ein Prozess ein, der Staatsaufgaben auf die nicht-englischen Landesteile übertrug. Im Wahlsieg der Labour-Partei unter Tony Blair 1997 fand er seinen vorläufigen Höhepunkt, als eine Labour-Mehrheit Gesetze verabschiedete, die Schottland, Wales und Nordirland Handlungsautonomie in unterschiedlichem Ausmaß gewährte.

Dieser Prozess, der einen asymmetrischen Staatsaufbau zur Folge hatte, wird Devolution genannt. Der Begriff bedeutet, dass allein die Zentralregierung über die den Landesteilen übertragenen Aufgaben und Zuständigkeiten entscheidet und diese nur im Rahmen der ihnen zugewiesenen Bereiche tätig werden dürfen. Auch ist die Rücknahme von Kompetenzverlagerungen durch einfachen Parlamentsbeschluss jederzeit möglich. Damit verbleibt die Kompetenz-Kompetenz bei der Zentralregierung (Sturm 2017, S. 45; Kuhlmann/Wollmann 2013, S. 85).

Schottland verfügt durch den vom britischen Parlament 1998 verabschiedeten „Scotland Act" über den höchsten Grad an Autonomie. Das schottische Parlament und die schottische Regierung haben in den ihnen zugewiesenen Materien Handlungs- und Entscheidungsgewalt. Der Kompetenzkatalog umfasst u. a. die Bereiche Bildung, Sicherheit und Ordnung, Sozialpolitik, Strukturpolitik, Verkehrswesen, Fischerei, Kultur und Sport. Zu den dem Westminster-Parlament in London vorbehaltenen Materien gehören Kernbereiche gesamtstaatlicher Souveränität wie z. B. Verfassungsfragen, Außenpolitik, nationale Verteidigung, Staatsbürgerschaft, Finanz- und Währungspolitik (Hartmann 2011, S. 80).[19]

Wales besitzt durch den „Government of Wales Act 1998" einen deutlich geringeren Grad an Autonomie als Schottland. Die Waliser Nationalversammlung (National Assembly for Wales) und eine Walisische Regionalregierung erhielten lediglich Kompetenzen bei der Umsetzung der vom Westminster-Parlament beschlossenen Gesetze (sekundäre Gesetzgebung). Mit dem „Government of Wales Act 2006" erhielt Wales in Einzelfällen auch eine (primäre) Gesetzgebungskompetenz (Dieringer 2008, S. 563; Sturm 2017, S. 80 ff.).

Nordirland hat seit dem „Northern Ireland Act" 1998 ein eigenes Parlament und eine eigene Regierung. Die Devolution ist eingebettet in das Friedensabkommen zur Beilegung des jahrelangen Konflikts zwischen Unionisten und Republikanern – den Befürwortern des Verbleibs im Vereinigten Königreich und den Anhängern eines Anschlusses an die Republik Irland (Karfreitags-Abkommen vom

---

19 In einem Referendum stimmte am 18. September 2014 eine Mehrheit der Wähler (55,3 Prozent) gegen die Unabhängigkeit Schottlands vom Vereinigten Königreich.

3.1 Das Regierungssystem Großbritanniens

10. April 1998, in dem sich die Regierung der Republik Irland, die Regierung Großbritanniens und die Parteien in Nordirland auf einen Friedensprozess verständigten.) Nordirland besitzt Gesetzgebungsbefugnisse in den Bereichen Landwirtschaft, Gesundheit, Umwelt, Soziales, Bildung und wirtschaftliche Entwicklung. Damit ist der Kompetenz-Katalog wesentlich kleiner als in Schottland (Dieringer 2008, S. 563).

Obwohl der Devolutionsprozess Schottland, Wales und Nordirland einen deutlichen Zuwachs an Autonomie beschert hat (England mit der höchsten Bevölkerungszahl ist von der Devolution ausgenommen!) und damit der Grad der Dezentralisierung erhöht wurde, gibt es keine institutionalisierte Form der Zusammenarbeit zwischen Zentralstaat (London) und den territorialen Einheiten und kein Organ, das diese auf gesamtstaatlicher Ebene repräsentiert (Petersohn 2015, S. 351).

Auf kommunaler Ebene setzt sich der asymmetrische Staatsaufbau fort. Kommunen sind Verwaltungseinheiten der unteren Ebene (eine mittlere Ebene wie die Regierungspräsidien in Deutschland gibt es in Großbritannien nicht), die zentralstaatliche Politik umsetzen. U. a. zuständig ist das local government für Schulen, Sozialwohnungen, soziale Dienste, Polizei, Verkehr, Feuerwehr und Müllbeseitigung.

Schottland, Wales und Nordirland haben durchweg ein einstufiges Kommunalsystem in Form von unitary authorities (Ein-Ebenen-Verwaltungen). Es beinhaltet, dass zwei Verwaltungsstufen (county und district) zusammengelegt sind und alle Aufgaben einer Lokal- bzw. Gemeindeverwaltung von nur einer Behörde erledigt werden. In England dagegen hat sich ein zweistufiges System etabliert. Neben den Ein-Ebenen-Verwaltungen die Zwei-Ebenen-Verwaltungen von counties (Grafschaften) und Distrikten als Untergliederung der counties im ländlichen Raum.

In England gibt es neben der City of London 32 boroughs (Stadtbezirke), ferner sechs Metropolitan Counties, die insgesamt 36 boroughs umfassen. In ländlichen Gebieten bestehen 56 unitary authorities, 34 counties und 238 districts. In Wales sind 22 und in Schottland 32 unitary authorities gebildet worden, in Nordirland 11 Distrikte. Die Regierung Blair setzte in einem Referendum 1998 die Direktwahl des Londoner Stadtoberhaupts und die Wiedereinführung des Londoner Stadtrates durch und ermöglichte die Direktwahl von Bürgermeistern auch in anderen Kommunen, was aber nur wenige Gemeinden wie Manchester und Liverpool wahrgenommen haben (Sturm 2017, S. 109 ff.; Kuhlmann/Wollmann 2013, S. 88 f.).

3.1.3 Staatsoberhaupt

Das Staatsoberhaupt des Vereinigten Königreichs von Großbritannien und Nordirland ist der Monarch – seit 1952 Königin Elisabeth II.[20] Thronerbe ist immer der älteste männliche Erbe des Monarchen; wenn es keinen gibt, erbt die älteste Tochter. Alle bisherigen Throninhaber regieren bis auf eine Ausnahme bis zu ihrem Tod.

Der Monarch hat im Wesentlichen drei Rollen auszufüllen: Er ist (1) Repräsentant des Vereinigten Königreichs von Großbritannien und Nordirland und symbolisiert die Einheit des Staates. (2) Oberhaupt der anglikanischen Kirche und (3) Inhaber der royal prerogatives, die ihn berechtigen, alle Herrschaftsbefugnisse auszuüben, die nicht anderen Institutionen durch Gesetzesrecht bzw. Parlamentsakte zugewiesen sind. Zu den königlichen Vorrechten gehören de jure der Oberbefehl über die Streitkräfte, die Zustän-

---

20 Sie ist auch Staatsoberhaupt von 15 der 53 Commonwealth-Staaten wie z. B. Australiens, Kanadas und Neuseelands.

digkeit für Kriegserklärungen, die Außen- und Vertragspolitik, das Begnadigungsrecht und zahlreiche Ernennungsrechte. Diese Vorrechte sind allerdings im Laufe der britischen Geschichte zunehmend durch die immer zahlreicher werdenden Konventionen auf die Regierung bzw. den Premierminister oder das Parlament übergegangen, so z. B. die Zuständigkeit für Kriegserklärungen und den Einsatz der Streitkräfte (Schieren 2010, S. 76 f.; Sturm 2017, S. 28).

Zum Inkrafttreten der vom Parlament beschlossenen Gesetze muss der Monarch seine Zustimmung (royal assent) geben; durch Konvention ist dies jedoch eine reine Formsache. Er beauftragt den Führer der Partei mit der Regierungsbildung, die in einer Unterhauswahl die meisten Mandate errungen hat, und ernennt die vom Premierminister vorgeschlagenen Ministerkandidaten. Ferner eröffnet er alljährlich die Sitzungsperiode des Parlaments und verliest in der sogenannten Thronrede vor dem versammelten Unter- und Oberhaus wortwörtlich das Regierungsprogramm des Premierministers (Hartmann/Kempf 2011, S. 22 ff.).

Wie jedes Staatsoberhaupt hat der Monarch repräsentative Aufgaben. Er vertritt das Land im In- und Ausland und erhebt auf Vorschlag des Premierministers verdiente Persönlichkeiten in den Adelsstand. Als Integrationsfigur übt er parteipolitische Neutralität, mischt sich nicht in die Tagespolitik ein. In die laufenden Regierungsgeschäfte ist er jedoch insofern eingebunden, als er einmal in der Woche vom Premierminister über wichtige politische Angelegenheiten informiert wird. Dabei kann er als Berater des Premierminister wirken; Monarchen haben von dieser Möglichkeit unterschiedlich Gebrauch gemacht (Sturm 2015, S. 66).

3.1.4 Regierung

Innerhalb des Spektrums parlamentarischer Regierungssysteme gibt es wohl kaum eines, das einen so hohen Grad an Machtkonzentration beim Regierungschef aufweist, wie das britische. Solange der Premierminister im Unterhaus eine die Regierungspolitik tragende Mehrheit hinter sich weiß, muss er keinen Widerspruch fürchten, keine Kompromisse schließen oder Rücksichten nehmen (Abromait/Stoiber 2006, S. 87).

Der Premierminister wird nicht vom Unterhaus gewählt, sondern vom Staatsoberhaupt ernannt (für eine Übersicht der Amtsinhaber seit 1945 siehe Tab. 3.1). Er ist die Schaltzentrale der britischen Regierungspolitik, was in solchen Bezeichnungen wie „prime ministerial government" oder, zugespitzt, „elective dictatorship" zum Ausdruck kommt (Bröchler 2015, S. 176). Insbesondere durch die Art und Weise, wie Tony Blair das Amt des Premierministers interpretierte, wurde auch von einer „Präsidentialisierung" gesprochen, um eine Analogie zur starken Stellung des amerikanischen Präsidenten herzustellen (Sturm 2017, S. 17 ff.).

Die starke Stellung des britischen Premierministers (Amtssitz: „Downing Street No. 10") ergibt sich aus seinen umfangreichen Aufgaben und Befugnissen. Nach außen (auf europäischer und internationaler Ebene) vertritt er die Interessen seines Landes, nach innen ist er die zentrale Figur im Regierungsmanagement. So bestimmt er nicht nur, welche Politiker seinem Kabinett angehören sollen, sondern auch die Zahl und den Zuschnitt der Ressorts, leitet die Kabinettssitzungen, legt deren Tagesordnung fest und fasst die Ergebnisse der Sitzungen zusammen, womit den Ressortministern vorgegeben ist, wie sie eine Regierungsentscheidung auszuführen haben. Damit kommt ihm eine Richtlinienkompetenz zu (Hartmann 2011, S. 73 f.; Bröchler 2015, S. 176).

3.1 Das Regierungssystem Großbritanniens

Tab. 3.1 Britische Premierminister seit 1945

Premierminister	Partei	Amtszeit
Clement Attlee *	Labour	1945–1951
Winston Churchill	Konservative	1951–1955
Anthony Eden	Konservative	1955–1957
Harold McMillan	Konservative	1957–1963
Douglas Home	Konservative	1963–1964
Harold Wilson	Labour	1964–1970
Edward Heath	Konservative	1970–1974
Harold Wilson	Labour	1974–1976
James Callaghan	Labour	1976–1979
Margaret Thatcher	Konservative	1979–1990
John Mayor	Konservative	1990–1997
Tony Blair	Labour	1997–2007
Gordon Brown	Labour	2007–2010
David Cameron	Konservative	2010–2016
Theresa May**	Konservative	2016–

* Attlee kam ins Amt nach der Abwahl des Kriegspremiers Churchill im Sommer 1945.

** Am 13. Juli 2016 trat May die Nachfolge von David Cameron an, der wenige Tage, nachdem sich die Briten am 22. Juni 2016 in einem Referendum für den Austritt aus der EU entschieden hatten, seinen Rücktritt erklärte. Bei den vorgezogenen Unterhauswahlen am 08. Juni 2017 verlor die Konservative Partei ihre absolute Mehrheit (siehe Tab. 3.2). May bildete daraufhin eine von der nordirischen Democratic Unionist Party (DUP) geduldete Minderheitsregierung.

Quelle: In Anlehnung an Hartmann (2011, S. 69) mit eigener Ergänzung.

Der Premierminister hat jedoch nicht nur eine starke Position im Rahmen des Regierungsmanagements. Er besitzt auch eine parlamentarische Machtposition, weil er die Tagesordnung der Sitzungen im Unterhaus bestimmt, die Redezeiten für Gesetzeslesungen festlegt und ein Veto des Oberhauses mit der Mehrheit der Regierungsfraktion im Unterhaus überstimmen lassen kann. Ein bis noch vor wenigen Jahren herausragendes Machtinstrument stellte das Recht des Premierministers dar, jederzeit die Königin darum zu ersuchen, das Unterhaus aufzulösen. Sei es, um einen disziplinierenden Einfluss auf die Abgeordneten der Regierungspartei auszuüben, weil diese befürchten mussten, im Falle einer Parlamentsneuwahl ihre Mandate zu verlieren; sei es aus wahltaktischen Gründen, um ein für die Regierungspartei günstiges politisches Klima auszunutzen. Dieser Option ist der Premierminister seit 2011 beraubt – der in diesem Jahr verabschiedete „Fixed-term Parliament Act" sieht vor, dass die Unterhauswahlen im festen fünfjährigen Rhythmus jeweils am ersten Donnerstag im Mai stattfinden. Allerdings sieht das Gesetz eine Ausnahme vor: Unter der Voraussetzung, dass eine Zweidrittelmehrheit der Abgeordneten dem Antrag des Premierministers auf Auflösung des Parlaments zustimmt, können vorzeitige Neuwahlen angesetzt werden (Bröchler 2015, S. 185; Sturm 2017, S. 128 f.).[21]

Zur Regierung zählt das Kabinett, dem neben dem Premierminister rund 20 Minister angehören, die entweder an der Spitze eines Ministeriums (departement) stehen oder eine Sonderfunktion innehaben. Hinzu kommen ca. 100 außerhalb des Kabinetts stehende Mitglieder im Ministerrang sowie vom Premierminister ausgewählte Unterhausabgeordnete, die für die Regierung arbeiten und deshalb in die Kabinettsdisziplin eingebunden sind (Bröchler 2015, S. 177). Das Kabinett arbeitet als Kollegialorgan; Minister als Leiter eines Ressorts handeln eigenverantwortlich. Die im Kabinett getroffenen Entscheidungen, z. B. über die Einbringung von Gesetzesvorlagen, werden nach außen gemeinsam vertreten. Die

---

21 Von dieser Ausnahme machte Premierministerin May Gebrauch, als sie im April 2017 ankündigte, die für Mai 2020 terminierten regulären Unterhauswahlen auf den 08. Juni 2017 vorzuziehen und hierfür eine große Zustimmung im Parlament fand.

3.1 Das Regierungssystem Großbritanniens

Kabinettsdisziplin wird nur ganz selten aufgehoben, zuletzt war dies aus Anlass des Referendums zur britischen EU-Mitgliedschaft im Juni 2016 der Fall. Sollte ein Kabinettsmitglied die kollektive Verantwortung für eine Kabinettsentscheidung nicht mittragen wollen und damit von der Regierungslinie abweichen, reicht es beim Premierminister seinen Rücktritt ein. Eine Entwertung hat das Kabinett durch die zunehmende Einsetzung von Kabinettsausschüssen, ad hoc Gruppen, task forces und beratenden Ausschüssen erfahren. Denn allein der Premierminister entscheidet über deren Vorsitz und Zusammensetzung und vermag dadurch die Behandlung eines politischen Problems in seinem Sinne zu steuern (Hartmann 2011, S. 72 f.; Sturm 2017, S. 118 f.).

Der Premierminister kann das Kabinett jederzeit umbilden und Beförderungen innerhalb des Regierungsapparates vornehmen. Zur Leitung der Regierungsgeschäfte steht ihm das Kabinettsamt (cabinett office) zur Seite, das die Kabinettssitzungen vorbereitet, den Kontakt zu den einzelnen Ressorts und den Ministern pflegt und die Bildung von Kabinettsausschüssen vorbereitet. Es fungiert damit de facto als Ort der Regierungskoordination, was – nicht unumstritten – mit dem Bundeskanzleramt in Deutschland verglichen wird (Hopp 2010, S. 77; Sturm 2017, S. 120 f.). Weitere Unterstützung hat der Premierminister durch das Prime Minister's Office (PMO), das u. a. seine Verbindungen zur Regierungspartei organisiert.

Eine weitere Grundlage für die starke Position des Premierministers bilden die auf die Regierung bzw. den Regierungschef übergegangenen königlichen Vorrechte. Eines ist im Zuge der Brexit-Entscheidung mit dem Prinzip der Parlamentssouveränität in Konflikt geraten. Die Befürworter eines EU-Austritts Großbritanniens argumentierten, dass der entsprechende Antrag (Art. 50 EUV: *„Jeder Mitgliedstaat kann in Übereinstimmung mit seinen verfassungsrechtlichen Vorschriften beschließen, aus der Union auszutreten".*) allein Sache der Regierung sei, weil die Regelung auswärtiger Angelegenheiten, worunter die EU-Mitgliedschaft falle, als royal prerogative Vorrecht der Regierung sei. Demgegenüber, so die Gegenposition, mache es das Prinzip der Parlamentssouveränität zwingend erforderlich, dass vor dem Austrittsantrag der Regierung ein entsprechender Parlamentsbeschluss gefasst wird. Als Begründung für diese Position wurde u. a. angeführt, dass das Parlament dem Beitritt Großbritanniens zur Europäischen Wirtschaftsgemeinschaft durch den „European Communities Act 1972" zugestimmt hat und deshalb auch über den Austritt befinden müsste. Darüber hinaus sei die Mitgliedschaft in der EU keine reine auswärtige Angelegenheit über die die Regierung alleine entscheiden könne, weil die Mitgliedschaft sehr stark in die innere Struktur des Landes (z. B. über Richtlinien und Verordnungen) eingreift (Douglas-Scott 2016, S. 24 f.). Am 24. Januar 2017 entschied der Supreme Court, dass die Regierung May den Brexit nicht ohne Zustimmung des Unterhauses in Gang setzen dürfe (kein Mitspracherecht haben indes die Regionalparlamente von Schottland, Wales und Nordirland), womit das Prinzip der Parlamentssouveränität obsiegte.

3.1.5 Parlament

Das Parlament als Ort der Gesetzgebung und politischen Debatte ist die *„Herzkammer des britischen Regierungssystems"* (Bröchler 2015, S. 168). Es setzt sich aus dem Unterhaus (House of Commons), dem Oberhaus (House of Lords) und der Krone (Queen in Parliament) zusammen.

Die 650 Abgeordneten des Unterhauses werden nach den Regeln der relativen Mehrheitswahl alle fünf Jahre in 650 Einmannwahlkreisen (533 in England, 59 in Schottland, 40 in Wales und 18 in Nordirland) gewählt. Jeder Wähler hat eine Stimme für einen

3.1 Das Regierungssystem Großbritanniens

Wahlkreiskandidaten. Gewählt ist der Kandidat mit den meisten Stimmen – er muss also nicht über 50 Prozent der Stimmen (absolute Mehrheit) erhalten haben. Die Stimmen der unterlegenen Kandidaten bleiben unberücksichtigt. Die absolute Mehrheit liegt bei 326 Sitzen. Dominiert wird das Unterhaus, wie Tab. 3.2 zeigt, von der Konservativen und der Labour Partei.

Tab. 3.2 Zusammensetzung Britisches Unterhaus*

Parteien	Sitze
Konservative	317
Labour	262
Liberaldemokraten	12
Scottish National Party (SNP)	35
Democratic Unionist Party (DUP)	10
Sonstige	14
Insgesamt	650

* nach der Wahl vom 08. Juni 2017
Quelle: http://researchbriefings.parliament.uk/ResearchBriefing/Summary/CBP-7979, 28.09.2017.

Die Funktionen des auch als Redeparlament bezeichneten Unterhauses erstrecken sich im Wesentlichen auf Wahl, Gesetzgebung und Kontrolle. Wenn auch der Premierminister nicht durch einen parlamentarischen Wahlakt wie etwa der deutsche Bundeskanzler ins Amt kommt, besitzt das Unterhaus dennoch eine Wahlfunktion. Die Abgeordneten wählen zu Beginn einer neuen Legislaturperiode den Sprecher des Unterhauses. Dieses Amt ist insofern wichtig, weil der Speaker die Sitzungen leitet und den Abgeordneten das Rederecht erteilt bzw. entzieht. Er überwacht die Einhaltung der Geschäftsordnung und den Gang der von der Regierung vorherbestimmten Tagesordnung. Er muss parteipolitisch neutral agieren, weshalb er seine Parteimitgliedschaft während seiner Amtszeit ruhen lässt.

Die mit Abstand wichtigste Funktion des Unterhauses ist die Gesetzgebung, die eng mit der Parlamentssouveränität verknüpft ist. Gesetzesentwürfe können von zwei Stellen eingebracht werden: Entweder von der Regierung, dann handelt es sich um „government bills" bzw. „public bills" oder von einem Unterhaus- oder einem Oberhausmitglied, dann handelt es sich um sogenannte „private member's bills". Das bedeutet, dass jedes einzelne Parlamentsmitglied eine Gesetzesinitiative einbringen kann und es hierzu keiner bestimmten Mindestzahl an Abgeordneten (Quorum) bedarf, wie z. B. im Deutschen Bundestag. (Ferner gibt es private bills, d. h. von Privatpersonen, Verbänden oder gesellschaftlichen Organisationen dem Parlament vorgelegte Gesetzesinitiativen, die heutzutage jedoch kaum noch eine Rolle spielen.)

Rund 90 Prozent der Gesetzesentwürfe werden von der Regierung im Unterhaus eingebracht, weshalb sie die Gesetzgebung dominiert. Der Gesetzgebungsprozess läuft wie folgt ab: Die formelle Einbringung ohne Debatte stellt die erste Lesung dar. Eine Erläuterung des Gesetzesvorschlags und eine Debatte findet in der zweiten Lesung statt, bevor der Entwurf an einen Ausschuss, das sogenannte „general committee" bzw. „public bill committee" weitergeleitet wird, wo über gesetzgeberische Details beraten wird. In der dritten Lesung wird erneut debattiert, auch über Details der Vorlage. Abschließend wird abgestimmt, wobei der Ausgang durch die Mehrheitsverhältnisse vorgegeben ist. Nach der Beschlussfassung im Unterhaus wird das Gesetz an das Oberhaus weitergeleitet.

Weitere Gründe für die Dominanz der Regierung bei der Gesetzgebung sind: (1) die Kontrolle der Tagesordnung im Parlament, (2) die Mehrheit in den Ausschüssen bei der Gesetzesberatung, (3) der Erlass von Verordnungen (statutory instruments), die an

3.1 Das Regierungssystem Großbritanniens

bestehende gesetzliche Kompetenzen der Regierung anknüpfen (Sturm 2017, S. 130 f.).

Die dritte wichtige Funktion des Parlaments ist die Regierungskontrolle. Weil die Mehrheitsfraktion in der Regel geschlossen hinter dem Premierminister steht, wird die Kontrolle faktisch nur von der Opposition ausgeübt.[22] Sie wird auch als „Regierung im Wartestand" bezeichnet, weshalb der Oppositionsführer ein Schattenkabinett aufstellt, das jederzeit in der Lage sein muss, die Regierungsgeschäfte zu übernehmen. Dies wäre dann der Fall, wenn durch ein erfolgreiches Misstrauensvotum gegen den Premierminister oder durch das Scheitern der Regierung bei einer Vertrauensfrage Neuwahlen notwendig werden. Letzteres könnte bereits zu Beginn einer Legislaturperiode eintreten, wenn das Regierungsprogramm traditionell zur Abstimmung im Unterhaus gestellt wird.

Weitere Kontrollinstrumente der Opposition, die es ihr ermöglichen, sich zumindest ein Stück weit gegen die Regierung zu behaupten bzw. zu profilieren sind Debatten, Ausschüsse und Regierungsbefragungen. An 20 Tagen im Sitzungsjahr (von insgesamt rund 200!) darf die Opposition Inhalt und Tagesordnung der Unterhaussitzungen festlegen, um die Debatte in eine für sie günstige und für die Regierung bedrängende Richtung zu lenken. Will die Opposition die Fachpolitik eines Ministeriums kritisch hinterfragen, kann sie die Einsetzung von sogenannten „select committees" beantragen, die spiegelbildlich zu einzelnen Ressorts gebildet werden und die Regierungsvertreter und Beamte

---

22 Keine Regel ohne Ausnahme: Die Zahl von „Aufständen" von sogenannten „Hinterbänklern" (backbenchers) bei Abstimmungen über Gesetzesvorhaben hat zugenommen. Diesbezüglicher Höhepunkt waren die 139 Labour-Abgeordneten (39 Prozent), die gegen die Irak-Politik von Premierminister Tony Blair stimmten (Sturm 2017, S. 134 f.).

vorladen können. Eine Möglichkeit der Opposition, die Regierung medial anzugreifen, stellen die Regierungsbefragungen dar. Hier ist zu unterscheiden zwischen der „Question Time", in der Abgeordnete in der Sitzung bis zu zwei vorher schriftlich eingereichte Fragen an die Minister stellen können und der „Prime Minister's Question Time", in der Parlamentarier einmal in der Woche den Premierminister eine halbe Stunde zu allen Aspekten der Regierungsarbeit befragen können. Der Oppositionsführer, traditionell der Vorsitzende der Oppositionspartei, nutzt diese Gelegenheit, um sich gegenüber dem Regierungschef und der Öffentlichkeit in Szene zu setzen (Bröchler 2015, S. 169 ff.; Hartmann 2011, S. 65 f.; Schieren 2010, S. 50 f.).

Das starre Korsett, in dem sich sowohl Regierungsfraktion als auch die Opposition bewegen, ist im Wesentlichen der starken Fraktionsdisziplin geschuldet. Zur Aufrechterhaltung der Fraktionsdisziplin bedienen sich sowohl die Regierungs- als auch die Oppositionsfraktion der „whips", die dafür sorgen, dass bei wichtigen Entscheidungen alle Abgeordneten der eigenen Fraktion anwesend sind und nach der Parteilinie abstimmen.

Die zweite Kammer des Parlaments, das Oberhaus, war lange Zeit das Vertretungsorgan des Erbadels. Durch von Premierminister Tony Blair 1999 angestoßene Reformen wurde die durch Geburt begründete Mitgliedschaft weitgehend abgeschafft. Die weitaus meisten Mitglieder sind solche, die aufgrund von Leistungen und Verdienste vom Premierminister der Queen vorgeschlagen und von ihr zu Peers auf Lebenszeit (Life Peers) ernannt wurden. Das Oberhaus zählt 806 Mitglieder, davon 690 Life Peers, 90 erbliche Peers (Hereditary Peers) und 26 Bischöfe der anglikanischen Kirche (Bröchler 2015, S. 172).

Die Hauptaufgabe des Oberhauses besteht darin, die vom Unterhaus erlassenen Gesetze zu überprüfen. Weil die Parteibindung der Mitglieder des Oberhauses wesentlich schwächer ist als die der Unterhausmitglieder, muss die Regierung öfter eine Abstimmungsniederlage einstecken. Durch ein vom Oberhaus eingelegtes suspensives Veto werden Gesetze jedoch allenfalls um 12 Monate aufgeschoben (ausgenommen Ausgaben- und Steuerbeschlüsse). Damit sind die Gewichte im Parlament klar verteilt – das Unterhaus ist der zentrale Akteur im Gesetzgebungsprozess. Das Oberhaus kann lediglich die vom Unterhaus beschlossenen Gesetze modifizieren, nicht aber verhindern. Dies gelang dem Oberhaus zwischen 1999 und 2012 in immerhin 44 Prozent der Fälle (Sturm 2017, S. 143). Nicht unterschätzt werden darf das Oberhaus auch als Beratungsorgan – in europapolitischen Fragen wurde es von der Regierung oft konsultiert.

3.1.6 Parteiensystem

Das heutige Parteiensystem entstand, als sich Ende des 17. Jahrhunderts zwei lockere parlamentarische Gruppierungen formierten: Die Whigs, welche die in der Glorreichen Revolution (1689) erstrittenen Rechte des Parlaments gegenüber der Krone verteidigten, und die der Krone und deren Interessen nahestehenden Tories. Um die Mitte des 19. Jahrhunderts konstituierten sich die Tories als Konservative Partei, ein politisches Sammelbecken von Aristokratie, Großgrundbesitzern und anglikanischem Klerus, die Whigs als für die wirtschaftlichen Interessen des aufstrebenden Bürger- und Unternehmertums sich einsetzende Liberale Partei. 1883 wurde die Independent Labour Party als Vertretung der Arbeiterschaft gegründet. 1906 errang die in Labour Party umbenannte Partei erstmals Mandate im Unterhaus. Bei den Wahlen von 1922 verwies sie die Liberale Partei auf den dritten Platz; 1929 errang sie die relative, 1945 die absolute Mehrheit.

Zwei Parteien prägen die (Regierungs-)Politik in Großbritannien somit seit dem Zweiten Weltkrieg: Die Konservativen (auch Tories genannt) und Labour. Seit Mitte der 1970er Jahre ist mit der Liberaldemokratischen Partei (Liberal Democrats) eine neue Kraft hinzugekommen. Bei den Wahlen zum Europäischen Parlament 2014 spielte auch die UKIP (United Kingdom Independence Party) und bei den vergangenen Unterhauswahlen 2015 und 2017 die Scottish National Party (SNP) eine Rolle.

Die Dominanz von Konservativer und Labour Partei hat ihren Ursprung in der 1884/1885 eingeführten relativen Mehrheitswahl in Einerwahlkreisen und wird begünstigt durch das in der politischen Kultur Großbritanniens verwurzelte Interesse der Wähler an der Bildung stabiler Regierungen. Beim Mehrheitswahlrecht gilt derjenige Kandidat als gewählt, der in einem Wahlkreis die meisten Stimmen auf sich vereinigt. Aus demokratietheoretischer Sicht ist das Wahlsystem indes problematisch, weil die für Drittkandidaten abgegebenen Stimmen „unter den Tisch fallen" mit der Folge, dass die Zahl der von einer Partei errungenen Unterhaussitze nicht dem prozentualen Stimmenergebnis entspricht. So errangen 1951 die Konservativen eine absolute Mehrheit der Sitze im Unterhaus, obwohl die Labour Partei prozentual mehr Stimmen gewonnen hatte. 1974 war es umgekehrt. Besonders benachteiligt das Wahlsystem kleine Parteien. 2010 konnte die Liberaldemokratische Partei einen Stimmenanteil von 23 Prozent verbuchen, errang jedoch nur 9 Prozent der Mandate. Eine in der Koalitionsvereinbarung von Konservativen und Liberaldemokraten 2010 vereinbarte Reform des Wahlsystems wurde nicht umgesetzt.

Es stellt sich die Frage, ob Großbritannien – numerisch ein Mehrparteiensystem – funktional (immer noch) ein Zweiparteiensystem hat. Legt man als Kriterien an, dass zwei Parteien um die Mehrheit des Unterhauses konkurrieren, eine von ihnen die Mehrheit erringt, und eine Chance auf eine alternative Mehrheit besteht, so ist die Frage zu bejahen. Die seit 1945 nur zweimal erforderlich gewordenen Koalitionsregierungen (zuletzt 2010-2015 Konservative und Liberaldemokraten) sowie die seit der Wahl am 08. Juni 2017 von der DUP geduldete Minderheitsregierung der Konservativen Partei erscheinen – vorerst – als die Regel bestätigende Ausnahme. Gleichwohl, so konstatiert Sturm (2017, S. 162): *„Eine Betrachtungsweise, die das Zweiparteiensystem zum unantastbaren Inventar britischer Demokratie erhebt, läuft Gefahr, Wandlungstendenzen des Parteiensystems zu unterschätzen und den Blick zu sehr auf die Regierungsebene des UK zu fixieren"*. So verweist Sturm darauf, dass die Wähler bei den Unterhauswahlen durchaus mehr als zwei Alternativen haben. Darüber hinaus sei das Zweiparteiensystem seit den 1970er Jahren im Erosionsprozess begriffen durch die Regionalisierung von Parteien, die u. a. in der Entstehung von Nationalparteien in Schottland, Wales und Nordirland zum Ausdruck kommt, und die schwindende Bindekraft der Großparteien. Damit einher sei ein Rückgang der traditionellen, sozialstrukturell begründeten Parteibindungen (dealignment) zu verzeichnen, was die Zahl der Wechselwähler vergrößere und die Gründung von Protestparteien födere (ebd., S. 162 f.).

Parteien sind in Großbritannien traditionell staatsferne Organisationen. Sie werden in erster Linie finanziert von ihnen nahestehenden Personen und Interessengruppen. Sie sind organisations- und mitgliederschwach. So liegen die Mitgliederzahlen weit unter denen in Deutschland. Die Daten zur Parteimitgliedschaft sind sehr unzuverlässig, weshalb ein numerischer Vergleich zwischen den Parteien in Großbritannien wenig sinnvoll ist. Anders als beispielsweise in Deutschland, wo die Fraktionen im Bundestag letztlich das beschließen, was vorab auf Parteitagen verabschiedet wurde, sind die Fraktionen des Unterhauses gemäß dem Prinzip der Parlamentssouveränität die maßgeblichen Entscheidungsträger (ebd., S. 177 ff.).

Konservative

Die Konservative Partei stellte in der Nachkriegszeit am häufigsten den Premierminister. Stark geprägt wurde die Partei von der langjährigen Premierministerin Margaret Thatcher, die eine nach ihr benannte Ära, den „Thatcherismus", einleitete. Sie priorisierte die Interessen der Wirtschaft und setzte sich zum Ziel, die Macht und den Einfluss der Gewerkschaften zu brechen. In europapolitischen Fragen spielte sie die nationale Karte und versuchte immer wieder für Großbritannien Sonderkonditionen herauszuschlagen. Unvergessen in diesem Zusammenhang ist ihr legendärer Ausspruch: *„I want my money back"*. Auch David Cameron hatte in und mit Europa viel vor: Gestärkt durch seinen klaren Wahlsieg 2015 gelang es ihm im Vorfeld des Referendums vom 22. Juni 2016 über den Verbleib Großbritanniens in der EU weitere Sonderrechte für Großbritannien in der EU durchzusetzen – dennoch stimmten 52 Prozent der Briten für einen Austritt aus der EU und besiegelten damit Camerons politisches Schicksal. Die ehemalige Innenministerin Theresa May konnte sich in den parteiinternen Wahlen um die Nachfolge Camerons durchsetzen und übernahm nicht nur den Partei-, sondern auch den Regierungsvorsitz. Von guten Umfragewerten geblendet, setzte May im April 2017 vorzeitig Neuwahlen für den 08. Juni 2017 an – die Konservativen verloren 13 Sitze und damit die absolute Mehrheit und konnten sich nur dank der Duldung durch die konservative nordirische Unionistenpartei DUP an der Regierungsmacht halten.

Labour

Die Labour Partei stand im parteipolitischen Spektrum Großbritanniens lange Zeit weit links, was insbesondere an ihrer Nähe zu den Gewerkschaften lag. Erst Tony Blair riss Labour Mitte der 1990er Jahre aus dieser „babylonischen Gefangenschaft", indem er die Partei in die politische Mitte führte. 1997 konnte er einen

3.1 Das Regierungssystem Großbritanniens

klaren Wahlsieg in den Unterhauswahlen verbuchen und das Amt des Premierministers erringen, welches er dann zehn Jahre innehatte. 2007 trat er vorzeitig zurück, um für Gordon Brown Platz zu machen, der von 2007 bis 2010 als Regierungschef amtierte. In den Wahlen 2010 und insbesondere 2015 schnitt Labour jedoch enttäuschend ab. Nach der Wahlschlappe 2015 wurde mit Jeremy Corbyn ein Vertreter des äußerst linken Spektrums der Partei zum Vorsitzenden gewählt. Infolge des Brexit-Referendums und des Vorwurfs, sich nicht genug für einen Verbleib Großbritanniens eingesetzt zu haben, geriet Corbyn insbesondere bei der Labour-Fraktion im Unterhaus unter Druck. Im September 2016 wurde er indes in einer Urwahl der Parteimitglieder mit über 60 Prozent der Stimmen wiedergewählt und konnte bei den vorgezogenen Unterhauswahlen im Juni 2017 überraschend Stimmengewinne für Labour verbuchen.

Liberaldemokraten

Die Liberaldemokratische Partei (Liberal Democrats) ist das Ergebnis eines Zusammenschlusses von Liberal Party und Social Democratic Party im Jahr 1988. Nachdem es bei den Unterhauswahlen 2010 zu einem sogenannten „hung parliament" gekommen war – also keine Partei die absolute Mehrheit gewonnen hatte – bildeten die Liberaldemokraten, die 23 Prozent der Stimmen und 57 Unterhaussitze erringen konnten, mit der Konservativen Partei eine Koalitionsregierung. Der Parteivorsitzende, Nick Clegg, wurde stellvertretender Premierminister hinter David Cameron. 2015 war der Höhenflug der Liberalen allerdings schon wieder vorbei. Bei den Unterhauswahlen gab es einen Absturz auf 7,8 Prozent der Stimmen und auf acht Parlamentssitze. Grund für dieses Wahldebakel war die Enttäuschung vieler Wähler, dass die Partei wichtige programmatische Ziele wie die Einführung eines Verhältniswahlsystems während ihrer Regierungsbeteiligung nicht durchsetzen konnte, obwohl diese im Koalitionsvertrag vereinbart worden war. Bei der Wahl 2017 konnten die Liberalen lediglich vier Sitze hinzugewinnen.

UKIP

Die United Kingdom Independence Party (UKIP) hat den Austritt Großbritanniens aus der EU als wichtigstes politisches Ziel formuliert. Mit ihrer europakritischen Haltung konnte die rechtspopulistische Partei bei den Europawahlen 2014 28 Prozent der Stimmen erringen und wurde mit 24 Sitzen stärkste britische Partei im Europäischen Parlament. Bei den Unterhauswahlen 2015 erreichte sie 12,6 Prozent der Stimmen, was wegen des Mehrheitswahlrechts allerdings nur für einen Sitz im britischen Unterhaus reichte. Vorsitzender der 1993 gegründeten Partei war über lange Zeit der Europaabgeordnete Nigel Farage. Nach der Brexit-Entscheidung im Juni 2016 sah er sein Lebenswerk erfüllt und legte sein Amt nieder. Bei den Unterhauswahlen im Juni 2017 verschwand die Partei mit nur noch 1,8 Prozent der Stimmen in der Bedeutungslosigkeit.

Scottish National Party

Die linksliberale Scottish National Party (SNP) ist die stärkste Partei Schottlands – seit 2011 hat sie die absolute Mehrheit im schottischen Parlament. Bei den Unterhauswahlen 2015 konnte sie 56 der 59 Wahlkreise in Schottland gewinnen und wurde zur drittstärksten Kraft im britischen Parlament. Bei den vorgezogenen Unterhauswahlen 2017 musste sie indes den Verlust von 21 Sitzen hinnehmen. Vorsitzende der 1934 gegründeten und sich zu Europa bekennenden Partei ist Nicola Sturgeon in Nachfolge des langjährigen Partei- und schottischen Regierungschefs Alex Salmond.

3.1.7 Varianten: Deutschland, Italien

Deutschland hat wie Großbritannien ein parlamentarisches Regierungssystem: sein Merkmal ist die aus dem Bundespräsidenten als Staatsoberhaupt und dem Bundeskanzler als Regierungschef bestehende doppelköpfige Exekutive.

Geprägt durch die Erfahrungen der Weimarer Republik hatten sich die am 1. September 1948 in Bonn zum „Parlamentarischen Rat" versammelten Mütter und Väter des Grundgesetzes das Ziel gesetzt, eine Lehre aus der Vergangenheit zu ziehen und eine überwiegend auf Machtbalance und Stabilitätssicherung ausgerichtete parlamentarische Demokratie zu schaffen. Die Grundentscheidung für ein parlamentarisches System implizierte neben dem Prinzip der Abhängigkeit der Regierung vom Parlament insbesondere die Schwächung des Staatsoberhaupts. So sollte es nur eine geringe Rolle bei der Regierungsbildung und der Parlamentsauflösung spielen, über kein Notverordnungsrecht verfügen und nicht die Möglichkeit haben, Präsidialregierungen zu bilden. Darüber hinaus sollte seine Legitimation nicht auf einer unmittelbaren Volkswahl gründen und seine Aufgaben überwiegend repräsentativer Natur sein (Schüttemeyer 2003, S. 67 f.; von Beyme 2017, S. 38).

Das nach Steffani primäre Merkmal eines parlamentarischen Regierungssystems, die Abberufbarkeit der Regierung durch das Parlament, ist in Deutschland ähnlich ausgestaltet wie in Großbritannien, allerdings gibt es einen wesentlichen Unterschied: Während es in Großbritannien für den Sturz des Premierministers ausreicht, dass ihm eine Mehrheit des Unterhauses das Misstrauen ausspricht, sieht das im Grundgesetz (Art. 67) verankerte konstruktive Misstrauensvotum vor, dass der Kanzler nur dann seines Amtes enthoben werden kann, wenn der Bundestag mit der Mehrheit seiner Mitglieder gleichzeitig einen neuen Kanzler wählt. Erst zweimal in der Geschichte der Bundesrepublik wurde ein solches Votum initiiert: 1972 scheiterte die CDU/CSU-Fraktion mit dem Versuch, Willy Brandt (SPD) zu stürzen und ihren Kandidaten Rainer Barzel zum Bundeskanzler zu wählen; 1982 gelang es Helmut Kohl (CDU), die erforderliche Mehrheit in der Abstimmung gegen Bundeskanzler Helmut Schmidt (SPD) auf sich zu vereinigen.

Mit dem Instrument des konstruktiven Misstrauensvotums im Grundgesetz war beabsichtigt, dass für den Sturz der Regierung nicht bloß eine rein negative Mehrheit ausreicht, sondern dass sie sich positiv auf einen neuen Regierungschef einigen muss (Gast 2010, S. 98). Allerdings ist festzustellen, dass in anderen parlamentarischen Systemen wie in Großbritannien und in Italien, wo es zum Sturz eines amtierenden Regierungschefs nicht der Einigung auf einen Nachfolger bedarf, von der Möglichkeit eines Misstrauensvotums bislang wenig Gebrauch gemacht wurde (Schüttemeyer 2003, S. 78 f.).

Während in Großbritannien nach 1945 innerhalb von 70 Jahren 15 Regierungschefs, in Italien sogar deren 28 amtierten, gab es im gleichen Zeitraum in Deutschland nur acht Bundeskanzler. Bemerkenswert ist, dass in Deutschland nur einmal durch eine Wahl ein Regierungswechsel herbeigeführt wurde und zwar 1998, als SPD und Grüne bei der Bundestagswahl eine Mehrheit errangen und Gerhard Schröder (SPD) den bis dahin 16 Jahre lang regierenden Helmut Kohl als Bundeskanzler ablöste.

In Umkehrung der Abberufung des Bundeskanzlers und damit des Sturzes der Regierung durch das Parlament hat der Bundeskanzler die Möglichkeit, sich eines Parlaments, auf dessen mehrheitliches Vertrauen er sich nicht mehr stützen zu können glaubt, zu „entledigen". Nach Art. 68 GG kann er dem Bundestag die Vertrauensfrage stellen. Sollte ihm die Mehrheit der Mitglieder des Bundestages nicht das Vertrauen aussprechen, kann der Bundeskanzler den Bundespräsidenten um Auflösung des Bundestages bitten. Der

3.1 Das Regierungssystem Großbritanniens

Bundespräsident kann dem Ansinnen des Bundeskanzlers auf Auflösung des Bundestages Rechnung tragen, muss es aber nicht. In der Geschichte der BRD haben Bundeskanzler bislang fünfmal die Vertrauensfrage gestellt. In zwei Fällen handelte es sich dabei um sogenannte unechte Vertrauensfragen, weil es den jeweiligen Kanzlern (Kohl 1982, Schröder 2005) nicht um die Absicherung ihrer parlamentarischen Mehrheit ging, sondern nur um die Auflösung des Bundestags, um Neuwahlen herbeizuführen. Beide Fälle waren verfassungsrechtlich höchst umstritten – das Bundesverfassungsgericht stufte jedoch die von den Bundespräsidenten vorgenommenen Auflösungen des Bundestags als verfassungsgemäß ein (Marschall 2015, S. 158 ff.).

Zur Kennzeichnung des Regierungssystems der Bundesrepublik fällt vielfach der Begriff „Kanzlerdemokratie" (oft auch mit einem Fragezeichen versehen wie z. B. bei Schmidt 2010, S. 169 und Marschall 2015, S. 165). Mit diesem Begriff wird auf die herausgehobene Stellung und führende Rolle des Bundeskanzlers abgestellt – auch in Abgrenzung zu den Kompetenzen des Bundespräsidenten und des Parlaments. Die Machtfülle des Bundeskanzlers gründet de jure auf: (1) seiner Richtlinienkompetenz, mit der er über die politischen Zielsetzungen der von ihm geführten Regierung entscheidet; (2) seiner Organisationsgewalt, mit der er die Größe und den Zuschnitt des Kabinetts festlegt sowie die Bundesministerinnen und Bundesminister vorschlägt, die anschließend vom Bundespräsidenten ernannt werden. Er entscheidet auch über seinen Stellvertreter. Zusammen mit dem Bundesfinanzminister kann er Einspruch einlegen gegen Beschlüsse des Parlaments, die eine Erhöhung der im Bundeshaushaltsplan enthaltenen Ausgaben vorsehen oder auf eine Verminderung der dort vorgesehenen Einnahmen abzielen. Darüber hinaus hat er im Verteidigungsfall den Oberbefehl über die Bundeswehr inne. Wie stark ein Kanzler innerhalb des Regierungsgefüges tatsächlich agieren kann, hängt nicht zuletzt von seiner Persönlichkeit ab. Von Beyme (2017, S. 340) hält den Begriff Kanzlerdemokratie für überstrapaziert, weil er im Wesentlichen nur auf das Amtsverständnis und die Amtsführung von Konrad Adenauer (1949-1963) passt. Andere Kanzler pflegten einen kooperativen, um Ausgleich und auf Konsens bedachten Regierungsstil.

In der Verfassungswirklichkeit verfügt der Bundeskanzler über eine schwächere Position, als dies die im Grundgesetz verankerten Kompetenzen vermuten lassen. Ursächlich hierfür ist, dass es in der Bundesrepublik bislang bis auf eine Ausnahme (1960-1961) immer Koalitionsregierungen gab, was zur Folge hatte, dass die Kanzler auf die Programmatik und das Personal ihres Koalitionspartners Rücksicht nehmen mussten. Dies äußerte sich zum einen in einer Einschränkung der Richtlinienkompetenz, weil diese und die im Koalitionsvertrag fixierten Vereinbarungen miteinander kollidieren können. Zum anderen in einer Beschneidung des Kabinettsbildungsrechts, weil Anzahl und Zuschnitt der Ministerien im Koalitionsvertrag festgelegt sind und der Koalitionspartner die von ihm in die Regierung entsandten Minister eigenständig benennen kann. Ferner wurde und wird die Machtfülle des Bundeskanzlers durch das Ressortprinzip eingeschränkt, das den Ministern die Verantwortlichkeit für die Leitung ihres Ressorts überträgt, sowie dem Kollegialprinzip, demzufolge Konflikte zwischen dem Kanzler und Ministern von der Bundesregierung als Kollegialorgan beigelegt werden (Marschall 2015, S. 160 ff.; Schmidt 2010, S. 169 ff.).

Auch in Hinblick auf das sekundäre Merkmal nach Steffani, die Existenz einer doppelten Exekutive, gibt es zwischen dem deutschen und dem britischen parlamentarischen Regierungssystem einen markanten Unterschied. Dieser manifestiert sich in der Rolle und der Funktion des jeweiligen Staatsoberhaupts. Während in Großbritannien das monarchische Staatsoberhaupt auf eine rein repräsentative Funktion beschränkt ist, hat der Bun-

3.1 Das Regierungssystem Großbritanniens

despräsident Rechte und Kompetenzen, die über die Funktion eines bloßen „Staatsnotars" hinausgehen. Noch stärker ist die Rolle des Staatsoberhaupts in Italien, wo der Staatspräsident einen deutlich aktiveren Part in der politischen Praxis spielt, aufgrund der häufig auftretenden Regierungskrisen auch spielen muss.[23]

Der Bundespräsident ist der oberste Repräsentant des Staates, sowohl nach innen als auch nach außen. Als „Staatsnotar" obliegt ihm die Ernennung von Richtern an Bundesgerichten, die Ernennung von höheren Bundesbeamten und Offizieren, die Ernennung des Bundeskanzlers nach dessen Wahl durch den Bundestag sowie die Ernennung und Entlassung der Bundesminister auf Vorschlag des Bundeskanzlers. Während er bei diesen Personalfragen nur das, was vorab der Bundeskanzler entschieden hat, exekutiert, vermag er durch die ihm im Grundgesetz übertragene Aufgabe, Gesetze gegenzeichnen zu müssen, originär Einfluss auf die Gesetzgebung zu nehmen. In welchem Ausmaß er im Vorfeld der Gegenzeichnung ein präsidentielles Prüfungsrecht wahrnehmen kann, ist umstritten. Konsens ist, dass ihm abgeleitet aus dem Wortlaut des Art. 82 I, S. 1 GG *(„Die nach den Vorschriften des GG zustande gekommenen Gesetze")* ein formelles Prüfungsrecht zusteht. Hierzu gehört die Prüfung der Gesetzgebungszuständigkeit (d. h. ob der Bund die Kompetenz für den Erlass eines Gesetzes besitzt) und des Gesetzgebungsverfahrens (d. h. ob das verfassungsrechtlich gebotene Verfahren, insbesondere das Mit-

---

23 In Österreich ist der Bundespräsident zwar durch die Verfassung mit beträchtlichen Kompetenzen ausgestattet, die über diejenigen seines deutschen und italienischen Amtskollegen hinausgehen, weshalb das österreichische Regierungssystem zumindest von der Verfassungsnorm her mitunter auch als semi-präsidentiell bezeichnet wird (u. a. von Duverger); in der Verfassungswirklichkeit entspricht die Rolle des österreichischen Staatsoberhaupts jedoch weitgehend derjenigen eines parlamentarischen Präsidenten.

wirkungsrecht des Bunderates beachtet wurde). Abgeleitet u. a. aus Art. 20 III GG, wonach alle Verfassungsorgane zur Wahrung der verfassungsmäßigen Ordnung verpflichtet sind, steht ihm im Falle eines evidenten Verfassungsverstoßes, d. h. eines offensichtlichen Gesetzesverstoßes gegen z. B. Grundrechte des Grundgesetzes, auch ein materielles Prüfungsrecht zu. Ein politisches Prüfungsrecht kann er indes nicht geltend machen (Marschall 2015, S. 180 ff.; Schmidt 2010, S. 176; Kempf/Hartmann 2011, S. 109 f.; von Beyme 2017, S. 343). Bundespräsidenten haben aufgrund von Verfassungsbedenken mehrfach ihr formelles oder materielles Prüfungsrecht wahrgenommen und die Unterschrift unter ein Gesetz verweigert; mitunter warteten sie (z. B. Horst Köhler in Bezug auf den Vertrag von Lissabon) auch mit ihrer Unterschrift ab, bis das Bundesverfassungsgericht das entsprechende Gesetz als mit dem Grundgesetz für vereinbar erklärt hat.

Über eine tatsächliche politische Gestaltungsmacht in Bezug auf die Regierungsbildung verfügt der Bundespräsident im Rahmen der Wahrnehmung seiner sogenannten „Reservefunktion". Sie kommt im Falle einer Systemkrise zum Tragen, wenn das dem parlamentarischen System zugrundliegende Prinzip, dass die Regierung im Parlament eine stabile Basis findet, nicht mehr greift (Marschall 2015, S. 184). Zwei Konstellationen, in denen der Bundespräsident zu einem wichtigen politischen Faktor erwächst, sind hier denkbar: (1) Bundeskanzlerwahl: Für den Fall, dass der vom Bundespräsidenten für das Amt des Kanzlers vorgeschlagene Kandidat nicht die Mehrheit der Mitglieder des Bundestages auf sich vereinigt, kann der Bundestag binnen 14 Tagen mit mehr als der Hälfte seiner Mitglieder einen Bundeskanzler wählen (Art. 63 III GG). Gelingt dies nicht, findet ein dritter Wahlgang statt, in dem der Bundestag mit einfacher Mehrheit einen vorgeschlagenen Kandidaten zum Bundeskanzler wählt. Es steht nun im Ermessen des Bundespräsidenten, ob er den mit einfacher Stimmenmehrheit gewählten Kandidaten binnen sieben Tagen zum Kanzler ernennt oder den Bundestag auflöst und damit Neuwahlen in Gang setzt (Art. 63 IV GG).[24] (2) Vertrauensfrage und Gesetzgebungsnotstand: Für den Fall, dass der Bundeskanzler bei einer Vertrauensfrage keine Zustimmung durch die Mehrheit der Mitglieder des Bundestages erhält, kann er den Bundespräsidenten um Auflösung des Bundestages bitten. Es liegt dann in dessen Ermessen, ob er den Bundestag mit der Folge von Neuwahlen binnen 21 Tagen auflöst oder dem Antrag des Bundeskanzlers nicht folgt. Sollte der Bundespräsident den Bundestag nicht auflösen, kann die Bundesregierung auf Grundlage von Art. 81 GG (Gesetzgebungsnotstand) Gesetze am Bundestag vorbei auf den Weg bringen. Um dieses Verfahren durchzuführen, kann der Bundespräsident auf Antrag der Bundesregierung und mit Zustimmung des Bundesrates für eine Gesetzesvorlage den Gesetzesnotstand erklären, falls der Bundestag diese Vorlage zuvor abgelehnt hat, obwohl sie von der Bundesregierung als dringlich erklärt wurde. Kommt es zu einer erneuten Ablehnung durch den Bundestag, gilt die Gesetzesvorlage als angenommen, wenn der Bundesrat ihr zustimmt. Der Gesetzgebungsnotstand und die damit verbundene Verabschiedung von Gesetzen ohne Mitwirkung des Bundestages ist allerdings auf sechs Monate begrenzt (Hartmann/Kempf 2011, S. 108 f.; Marschall 2015, S. 184 f.).

Der Bundespräsident wird von der Bundesversammlung gewählt. Diese besteht zur Hälfte aus den Mitgliedern des Bundestages und zur anderen Hälfte aus Mitgliedern, die von den Länderparlamenten gewählt werden. Nach Art. 61 GG können Bundestag oder Bundesrat den Bundespräsidenten wegen vorsätzlicher Verletzung des Grundgesetzes oder eines anderen Bundesgesetzes vor dem

---

24 Die Ausübung dieser Reservefunktion durch den Bundespräsidenten wurde diskutiert, nachdem die Bemühungen zur Bildung einer „Jamaika-Koalition" (CDU/CSU/FDP/Grüne) vier Wochen nach der Bundestagswahl vom 24. September 2017 gescheitert waren.

Bundesverfassungsgericht anklagen. Der Antrag auf Erhebung der Anklage muss von mindestens einem Viertel der Mitglieder des Bundestages oder einem Viertel der Stimmen des Bundesrates gestellt werden. Der Beschluss auf Erhebung der Anklage bedarf sodann der Mehrheit von zwei Dritteln der Mitglieder des Bundestages oder von zwei Dritteln der Stimmen des Bundesrates. Stellt das Bundesverfassungsgericht fest, dass sich der Bundespräsident einer vorsätzlichen Verletzung des Grundgesetzes oder eines anderen Bundesgesetzes schuldig gemacht hat, so kann es ihn des Amtes entheben.

Das einzige oberste Bundesorgan, das direkt vom Volke gewählt wird und damit über eine originäre demokratische Legitimation verfügt, ist der Bundestag. Seine Funktionen erstrecken sich auf Gesetzgebung, Wahl, Kontrolle und Repräsentation. Kennzeichnend für parlamentarische Systeme ist jedoch – und hier gleichen sich deshalb Deutschland, Großbritannien und Italien –, dass die Regierung aus der Parlamentsmehrheit hervorgeht, wodurch in der parlamentarischen Praxis für die Parlamentsmehrheit die Wahl- und Gesetzgebungsfunktion im Vordergrund steht, für die Opposition hingegen insbesondere Kontrolle und Repräsentation. Daraus folgt, dass an die Stelle eines von der klassischen Gewaltenteilungslehre vorgesehenen Dualismus von Gesamtparlament und Regierung ein Dualismus zwischen Regierung und Parlamentsmehrheit einerseits und parlamentarischer Opposition andererseits tritt (Rudzio 2015, S. 214; Marschall 2015, S. 140).

Der Bundestag beschließt die Gesetze und wird deshalb auch als „Gesetzgeber" bezeichnet. Das legislative Initiativrecht muss er sich indes mit der Bundesregierung und dem Bundesrat teilen. Wie stark die Exekutive die Legislative beeinflusst, zeigt sind daran, dass rund drei Viertel der vom Bundespräsidenten ausgefertigten und verkündeten Gesetze auf einer Initiative der Bundesregierung beruhen (Marschall 2015, S. 143). Der Bundestag ist eine Mischung

3.1 Das Regierungssystem Großbritanniens

aus Arbeitsparlament und Redeparlament, wobei aufgrund des großen Zeitaufwandes, den die Abgeordneten für die Arbeit in den Ausschüssen zur Vorbereitung der späteren Plenumsentscheidung aufwenden, das Arbeitsparlament überwiegt. Hier zeigt sich erneut ein Unterschied zur Praxis in Großbritannien, wo das britische Unterhaus traditionell ein Redeparlament ist.

Im Bundestag herrscht, wie in allen anderen Parlamenten auch, eine Rivalität zwischen den Regierungsparteien und der Opposition. Gleichwohl gibt es in Deutschland einen „kooperativen Parlamentarismus", der darin zum Ausdruck kommt, dass im Unterschied beispielsweise zum britischen Unterhaus die Opposition mannigfach in die Parlamentsarbeit eingebunden ist und sogar Verantwortung im parlamentarischen Alltag trägt – z. B. durch die Entsendung ihrer Abgeordneten in die Ausschüsse und insbesondere durch die Übernahme von Ausschussvorsitzen (Schmidt 2010, S. 150 ff.).

Die Wahlfunktion erfüllt der Bundestag insbesondere mit der Wahl bzw. Abwahl des Bundeskanzlers, der Wahl des Bundestagspräsidenten sowie der Wahl der Hälfte der Richter am Bundesverfassungsgericht. Schließlich stellen die Abgeordneten die Hälfte der Mitglieder der Bundesversammlung, deren Aufgabe die Wahl des Bundespräsidenten ist.

Die Kontrollfunktion wird – wie erwähnt – fast ausschließlich von der Opposition im Bundestag wahrgenommen. Hierfür stehen ihr zahlreiche Instrumente zur Verfügung, wie z. B. Anfragen an die Regierung, die in eine Diskussion münden können sowie Aktuelle Stunden, in denen Themen von aktuellen Interesse diskutiert werden – ein der „Prime Minister's Question Time" vergleichbares Format, also ein Fragerecht der Opposition gegenüber dem Bundeskanzler im Parlament, gibt es indes nicht.[25] Das schärfste Kontrollinstrument der Opposition sind die Untersuchungsausschüsse – für ihre Einsetzung reicht ein Antrag von nur einem Viertel der Mitglieder des Bundestags. Kontrolle kann die Opposition schließlich auch dadurch ausüben, indem sie beim Bundesverfassungsgericht eine Klage auf Durchführung eines Organstreitverfahrens oder eines Normenkontrollverfahrens erhebt. Der Opposition im britischen Unterhaus steht diese Möglichkeit nicht zur Verfügung, denn aufgrund der Parlamentssouveränität in Großbritannien können Gesetze nicht von einem Gericht überprüft und verworfen werden.

Die Repräsentativfunktion, teils auch Kommunikations- bzw. Artikulationsfunktion genannt, stellt auf den repräsentativen Charakter des parlamentarischen Systems in Deutschland ab. Die Bürgerinnen und Bürger wählen ihre Repräsentanten für den Bundestag, weshalb es die zentrale Aufgabe der Abgeordneten ist, die Interessen der Bevölkerung wahrzunehmen und in den politischen Prozess einzubringen. Durch eine intensive Wahlkreispflege, z. B. in Form von Bürgersprechstunden, halten sie einen engen Kontakt zu ihrer parlamentarischen Basis. Ein formales Instrument zur Einbringung von Bürgeranliegen ist das Petitionsverfahren. Jeder hat das Recht, beim Bundestag eine Petition einzulegen.

Die Legislativfunktion muss sich der Bundestag mit dem Bundesrat teilen, der als Vertretungsorgan der 16 Bundesländer an der Gesetzgebung des Bundes beteiligt ist. Gesetze, die das bundesstaatliche Gefüge der Bundesrepublik tangieren und in die Hoheitsrechte der Länder eingreifen (sogenannte Zustimmungsgesetze), kann

---

25 In der Eröffnungssitzung des 19. Deutschen Bundestages am 24. Oktober 2017 stellten die Fraktionen von SPD und die Linke je einen Antrag, der mindestens vier Mal jährlich die Befragung der Bundeskanzlerin bzw. des Bundeskanzlers vorsieht. Die Parteien des damals noch voraussichtlichen Jamaika-Bündnisses lehnten die Anträge durch Überweisung an den Ältestenrat ab.

der Bundesrat verhindern, weil es für deren Zustandekommen auf seine aktive Zustimmung ankommt. Bei Einspruchsgesetzen hingegen kann der Bundestag einen Einspruch des Bunderates mit der erforderlichen Mehrheit zurückweisen (Art. 77 GG). Der Bundesrat kann für die Opposition ein Hebel sein, um im Bund mitzuregieren. Dieser Fall tritt dann ein, wenn eine Mehrheit der in den Ländern die Regierung bildenden Parteien mit den Oppositionsparteien im Bundestag kongruent ist (Schmidt 2010, S. 202 ff.).

Die politische Steuerung in Deutschland ist schwierig, da es viele Vetospieler gibt, also Akteure, die Einfluss auf Entscheidungen nehmen bzw. an ihnen mitwirken. Neben dem Bundesrat ist hier insbesondere an das Bundesverfassungsgericht zu denken, das zwar nicht aus eigenem Antrieb, sondern nur auf Antrag hin tätig werden kann und dies in jüngster Vergangenheit aufgrund von Verfassungsbeschwerden und Normenkontrollklagen häufig tun musste, womit es zu einem aktiven Politikgestalter in Deutschland geworden ist. Schließlich gibt es in Deutschland mit den Parteien und den Interessengruppen weitere Vetospieler, die die Regierungspolitik behindern und blockieren, was jedoch durch die dem deutschen System innenwohnende Kultur der Verhandlungsdemokratie aufgefangen werden kann (Schmidt 2010, S. 227 f.; Marschall 2015, S. 262 ff.; Rudzio 2017, S. 255).

Italien hat ein parlamentarisches Regierungssystem mit dem die *„staatliche Einheit"* verkörpernden *„Präsidenten der Republik"* als Staatsoberhaupt (Art. 87, Verfassung von 1948[26]). Die in der Verfassung verankerten Amtsbefugnisse geben ihm die Möglichkeit, in das politische Geschehen aktiv einzugreifen, es mitzugestalten und sich im politische Instabilität erzeugenden fragmentierten

---

26 Für eine deutsche Fassung siehe: http://www.landtag-bz.org/download/ Verfassung_Italien.pdf, 26.07.2017.

Parteiensystem als neutraler Vermittler Geltung zu verschaffen. Zusammen mit dem Ministerpräsidenten bildet der Präsident die doppelköpfige Exekutive im italienischen Regierungssystem.

Die verfassungsmäßig starke Stellung des Präsidenten hat ihre Legitimität nicht, wie es erwartet werden könnte und z. B. in Österreich der Fall ist, in einer Direktwahl durch das Volk. Er wird vielmehr, für eine Amtszeit von sieben Jahren, auf einer gemeinsamen Sitzung von den Mitgliedern des Parlaments sowie 58 Vertretern der Regionen gewählt. Gewählt ist, wer die Stimmen von zwei Dritteln der Versammlung erhält; gelingt dies in drei Wahlgängen keinem Kandidaten, ist in einem weiteren Wahlgang gewählt, wer die Mehrheit der abgegebenen Stimmen erhält (Art. 83). Eine Wiederwahl ist zulässig. Scheidet ein Präsident aus dem Amt, wird er auf Lebenszeit Mitglied des Senats.

Das Parlament setzt sich zusammen aus der 630 Mitglieder zählenden Abgeordnetenkammer und dem 315 Mitglieder zählenden Senat, die auf fünf Jahre vom Volk gewählt werden. (Hinzu kommt eine kleine wechselnde Zahl von Senatoren auf Lebenszeit.) Beide Kammern sind gleichberechtigt und haben die gleichen Kompetenzen (Ullrich 2009, S. 648). In Bezug auf die gesetzgeberische Tätigkeit hat das zur Folge, dass ein Gesetzesentwurf zwischen beiden Kammern hin und her pendelt, wenn eine an ihm eine Änderung vornimmt – solange, bis er von beiden Kammern mit identischem Wortlaut als Gesetz verabschiedet ist (Köppel 2007, S. 131). Ein Organ zur Überbrückung von Differenzen, wie es in Deutschland der Vermittlungsausschuss ist, gibt es nicht (ebd.).

Das Recht zur Gesetzesinitiative steht der Regierung, jedem Mitglied der beiden Kammern und den Organen und Körperschaften zu, denen sie durch Verfassungsgesetz übertragen ist (Art. 70 I). Wenn der Präsident, der sich wie sein deutscher Amtskollege auf ein formelles und materielles Prüfungsrecht stützen kann (Köppel 2007, S. 140), einen begründeten Einwand gegen ein Gesetz hat,

3.1 Das Regierungssystem Großbritanniens

kann er es an die Kammern zurückverweisen. Wird das Gesetz von den Kammern erneut beschlossen, muss er es verkünden (Art. 74 II). Außer in den letzten sechs Monaten seiner Amtszeit ist der Präsident berechtigt, eine oder beide Parlamentskammern nach Anhörung ihrer Präsidenten vor Ablauf der Wahlperiode aufzulösen – etwa dann, wenn sie sich als handlungsunfähig erweisen. Er kann Neuwahlen ausschreiben und bis dahin eine Übergangsregierung einsetzen. (Die gegenwärtige Regierung ist die vierte in Folge, die ohne Wählermandat amtiert.) Damit die Gesetzgebungstätigkeit nicht völlig zum Erliegen kommt, können beide Kammern die Regierung ermächtigen, in *„Fällen außerordentlicher Notwendigkeit und Dringlichkeit"* (Art. 77 II) Verordnungen mit Gesetzeskraft zu erlassen, die jedoch noch am gleichen Tag beiden Kammern zur Umwandlung in ein Gesetz vorgelegt werden müssen. Werden sie nicht innerhalb von 60 Tagen nach ihrer Veröffentlichung zu einem Gesetz, verlieren sie ihre Wirksamkeit von Anfang an (Art. 77 III).

Die Regierung besteht aus dem vom Staatspräsidenten ernannten Präsidenten des Ministerrates (Ministerpräsident) und den Ministern, die zusammen den Ministerrat bilden (Art. 92 I). Der Regierungsbildung gehen oft langwierige Beratungen und Sondierungen voraus. Der Staatspräsident konsultiert die Amtsvorgänger, die Präsidenten der Parlamentskammern und Parteiführer oder beauftragt eine Persönlichkeit zu erkunden, welcher Politiker die (beste) Chance hat, eine parlamentarische Mehrheit hinter sich zu bringen, denn die Regierung bedarf des Vertrauens beider Kammern. Für den Fall, dass die Suche nach einem geeigneten Kandidaten erfolglos ist, kann der Präsident eine Übergangsregierung berufen und Neuwahlen ansetzen (Hartmann/Kempf 2011, S. 164). Um einer solchen Regierung eine parlamentarische Mehrheit zu sichern, bildet er zumeist eine „technische Regierung" aus parteilosen Experten.

Der Ministerpräsident *„leitet die allgemeine Politik der Regierung und ist dafür verantwortlich"* (Art. 95 I) – aus dieser Formulierung ist allerdings keine Richtlinienkompetenz abzuleiten, wie sie dem deutschen Kanzler zusteht. Er fördert und koordiniert die Tätigkeit der vom Präsidenten auf seinen Vorschlag ernannten Minister, steht jedoch in keinem übergeordneten Verhältnis zu ihnen, sondern ist primus inter pares. Er kann den Ministern keine Weisungen erteilen, seinen Willen gegen die Mehrheit der Minister nicht durchsetzen – es dominiert das Kollegial- und Ressortprinzip (Ullrich 2009, S. 651 f.).

Innerhalb von zehn Tagen nach ihrer Bildung muss eine neue Regierung beide Kammern um ihr Vertrauen ersuchen (Art. 94 III). Verweigert eine von ihnen das Vertrauen, muss die Regierung zurücktreten. Auch wenn eine der beiden Kammern während der Legislaturperiode eine von der Regierung gestellte Vertrauensfrage negativ bescheidet, hat dies deren Rücktritt zur Folge. Die Regierung kann auch durch einen Misstrauensantrag gestürzt werden, falls mindestens ein Zehntel der Mitglieder einer der beiden Kammern dem Antrag zustimmt (Art. 94 V). Ein konstruktives Misstrauensvotum wie in Deutschland, das die Abwahl des Regierungschefs an die Wahl eines Nachfolgers koppelt, ist nicht vorgesehen.

Jenseits dieser verfassungsrechtlichen Vorschriften für die Ablösung einer Regierung hatten parteipolitische Querelen, Obstruktion der parlamentarischen Arbeit, eine schwache Fraktionsdisziplin und sich bekämpfende parteiinterne Strömungen immer wieder den freiwilligen Rücktritt fragiler Koalitionsregierungen zur Folge. Von 1945 bis 2010 amtierten 62 Regierungen, manche davon nur wenigen Wochen (Hartmann/Kempf 2011, S. 163).

Außer den erwähnten Rechten des Präsidenten (Ernennung des Ministerpräsidenten, Parlamentsauflösung und suspensives Veto) gehören zu seinen Kompetenzen der Oberbefehl über die Streitkräfte, der Vorsitz im Obersten Verteidigungsrat und die Verkündung des Beschlusses der Kammern über die Ausrufung des Kriegszustands. Er schließt nach Ermächtigung durch die Kammern völkerrechtliche Verträge ab – der gesetzlichen Er-

3.1 Das Regierungssystem Großbritanniens

mächtigung bedarf es bei Verträgen mit politischem Charakter, solchen, die Schieds- und Vergleichsverfahren vorsehen oder Gebietsveränderungen, finanzielle Verpflichtungen oder Gesetzesänderungen zur Folge haben. Er ist berechtigt, Botschaften an die Kammern zu richten, bestimmt den Zeitpunkt ihres Zusammentritts, kann deren Einberufung zu außerordentlichen Sitzungen verlangen, genehmigt die Einbringung von Gesetzesvorlagen der Regierung in die Kammern, ernennt fünf der 15 Mitglieder des Verfassungsgerichts und ordnet Volksabstimmungen an (Art. 87, 80). Anordnungen und Verfügungen des Präsidenten müssen vom zuständigen Minister gegengezeichnet werden, der hierfür die Verantwortung übernimmt; haben sie gesetzesvertretenden Charakter, bedürfen sie zusätzlich der Gegenzeichnung durch den Ministerpräsidenten (Art. 89).

Im Unterschied zum parlamentarischen Regierungssystem Großbritanniens, Deutschlands und anderer Staaten weist dasjenige Italiens eine starke direktdemokratische Komponente auf. So gibt es auf gesamtstaatlicher Ebene:

1. das Recht der Gesetzesinitiative, das von mindestens 50.000 Wahlberechtigten wahrgenommen werden kann, indem sie einen in Artikeln abgefassten Gesetzesvorschlag in die Parlamentskammern einbringen (Art. 71 II).
2. Drei Arten der Volksabstimmung: Das abrogative Referendum, das Verfassungsreferendum und das Ad hoc-Referendum (Hornig/Steinke 2017, S. 73). Letzteres kam bislang nur einmal, 1989, zum Zuge, als das Volk unverbindlich darüber abstimmen sollte, ob das Parlament dem Europäischen Parlament Kompetenzen übertragen sollte (ebd., S. 76).

Durch das abrogative Referendum (Art. 75) kann ein Gesetz oder ein Akt mit Gesetzeskraft ganz oder teilweise aufgehoben werden.

Es muss angesetzt werden, wenn 500.000 Wahlberechtigte oder fünf Regionalräte es verlangen. Ausgenommen sind Steuer-, Haushalts- und Amnestiegesetze sowie internationale Verträge. Der zur Abstimmung gestellte Vorschlag gilt als verbindlich angenommen, wenn sich die Mehrheit der Stimmberechtigten am Referendum beteiligt und die Mehrheit ihn befürwortet hat. Dass im Zeitraum von 1970-2016 von 70 Volksabstimmungen 67 auf dieses Verfahren entfielen (ebd., S. 77), zeugt von dessen Bedeutung.

Das Verfassungsreferendum nach Art. 138 muss angeordnet werden, wenn mindestens 50.000 Wahlberechtigte, ein Fünftel der Mitglieder einer Parlamentskammer oder fünf Regionalräte dies verlangen (Art. 138 II). Das verfassungsändernde Gesetz muss zuvor in zwei Abstimmungen in jeder Kammer mit absoluter Mehrheit verabschiedet worden sein. Um verkündet werden zu können, muss es im Referendum mit der Mehrheit der Stimmen befürwortet worden sein; ein Quorum ist nicht vorgesehen. Wurde das Gesetz in der zweiten Abstimmung von beiden Kammern mit Zweidrittelmehrheit angenommen, ist ein Referendum nicht statthaft (Art. 138 III). Zulässig war deshalb das Referendum vom 4. Dezember 2016 über ein Gesetz, mit dem 47 der 139 Artikel zählenden Verfassung geändert werden sollten, weil Abgeordnetenkammer und Senat nur mit absoluter Mehrheit für die Reform gestimmt hatten. Die Reform betraf insbesondere den Senat. Die Zahl der Senatoren sollte auf 100 reduziert werden, die Senatoren nicht mehr vom Volk gewählt, sondern von den Regionen entsandt werden, die Gleichrangigkeit des Senats mit der Abgeordnetenkammer bei der Gesetzgebung (und damit der „Pendelverkehr") sowie sein Recht zur Mitentscheidung über das Zustandekommen und den Bestand einer Regierung abgeschafft werden. Weil jedoch nur 41 Prozent der Stimmberechtigten für das Reformvorhaben stimmten, kam die Verfassungsänderung nicht zu Stande.

Im Oktober 2017 wurde ein neues Wahlrecht verabschiedet. Es sieht vor, dass ein Drittel der Abgeordneten per Mehrheitswahl, zwei Drittel nach Verhältniswahlrecht gewählt werden. Um den Einzug kleiner Parteien ins Parlament zu verhindern und damit die Bildung stabiler Regierungen zu erleichtern, soll bereits bei der nächsten Parlamentswahl im April 2018 eine Drei-Prozent-Hürde gelten (für Koalitionen liegt sie bei zehn Prozent). Eine reelle Chance, die Drei-Prozent Hürde zu nehmen, haben gegenwärtig nur die Sozialdemokratische Partei von Matteo Renzi, die populistische Fünf-Sterne-Bewegung von Beppe Grillo, Berlusconis Forza Italia und die von Umberto Bossi geführte fremdenfeindliche, separatistische Lega Nord.

Bei einem Vergleich der Regierungssysteme Großbritanniens, Deutschlands und Italiens in Hinblick auf die Kompetenzen der Organe der Exekutive und der Legislative lässt sich zusammenfassend folgendes feststellen: Die Handlungs- und Entscheidungautonomie des Bundeskanzlers ist im Vergleich zum britischen Premierminister zumindest unter dem Aspekt der Verfassungswirklichkeit als schwächer einzustufen. Wesentliche Ursache hierfür ist das in Großbritannien geltende Mehrheitswahlrecht, das in der Regel eine Einparteienregierung hervorbringt, weshalb der britische Premierminister keine Zugeständnisse an einem Koalitionspartner machen muss. In Deutschland sind demgegenüber aufgrund des Verhältniswahlrechts Koalitionsregierungen an der Tagesordnung, die den Bundeskanzler zu Kompromissen zwingen. Der italienische Ministerpräsident ist, weil er über keine Richtlinienkompetenz verfügt, als weitaus schwächer als der Bundeskanzler in Deutschland und der Premierminister in Großbritannien einzustufen. Die Kompetenzen des italienischen Staatsoberhaupts sind weit umfassender als diejenigen des deutschen Bundespräsidenten. Während er aufgrund häufiger Regierungskrisen die Rolle eines Krisenmanagers spielt und dabei die ihm in der Verfassung zustehenden Kompetenzen voll ausschöpft, nimmt der Bundespräsident im Regelfall nur repräsentative Aufgaben wahr, seine Reservefunktion kam bislang kaum zum Tragen. Gleichwohl hat er aufgrund seines formellen und materiellen Prüfungsrechts in Hinblick auf die Verfassungsmäßigkeit von Gesetzen im Vergleich zum britischen Staatsoberhaupt wesentlich mehr Einfluss auf die Gestaltung der Regierungs-(Politik). Das Parlament in Italien besitzt zwar breite verfassungsrechtliche Befugnisse, in der Verfassungswirklichkeit ist seine politische Gestaltungskraft jedoch aufgrund u. a. des fragmentierten Parteiensystems sehr begrenzt. Deshalb ist es schwächer als das britische, insbesondere jedoch schwächer als das deutsche Parlament.

Das deutsche Regierungssystem hat sich als stabil und widerstandsfähig erwiesen; entsprechendes gilt für das britische, nicht jedoch für das italienische. Denn die Veto-Spieler Problematik wird in Deutschland in der Regel durch die, wie bereits erwähnt, Kultur der Verhandlungsdemokratie aufgefangen, was in Italien nicht der Fall ist. In Großbritannien ist die Veto-Spieler-Problematik u. a. wegen des Mehrheitswahlrechts, einer schwachen zweiten Kammer und dem Fehlen eines Verfassungsgerichts mit legislativer Verwerfungskompetenz nur schwach ausgeprägt.

3.2 Das präsidentielle Regierungssystem der USA

3.2.1 Konstitutive Elemente

Der am 17. September 1787 in Philadelphia von 13 ehemaligen Kolonien verabschiedete Verfassungstext ist die erste in sich geschlossene systematische Zusammenfassung der politischen Grundnormen eines Staates, die in einer einheitlichen Urkunde

3.2 Das Regierungssystem der USA

niedergelegt wurde (Stüwe 2013, S. 39).[27] Das Dokument besteht aus der Präambel, in der der Wille zur Vervollkommnung des Bundes, zur Verwirklichung der Gerechtigkeit, zur Gewährleistung der inneren und äußeren Sicherheit, zur Förderung des allgemeinen Wohls und zur Bewahrung des „Glücks der Freiheit" für die jetzige Generation und kommende Generationen bekräftigt wird sowie sieben Artikeln. Diese konstituieren einen Bundesstaat, in dem die Kompetenzen zwischen dem Bund und den Einzelstaaten aufgeteilt sind, und es im Sinne der Gewaltenteilungslehre von Charles de Montesquieu („Vom Geist der Gesetze", 1748) eine Dreiteilung der Gewalten in Legislative, Exekutive und Judikative gibt, die, um eine Machtkonzentration bei einer der Gewalten und damit einen Machtmissbrauch zu verhindern, sich in einem System wechselseitiger Kontrolle und Abhängigkeiten (checks and balances) befinden.

Zwei Jahre später, am 25. September 1789, beschloss der erste Kongress der USA nach englischem Vorbild einen Grundrechtekatalog (Bill of Rights), der in Form von zehn Zusätzen (amendments) die Verfassung ergänzte. 1791 erlangten die Zusätze Verfassungsrang, womit den Bürgern solche unveräußerlichen Rechte garantiert wurden wie u. a. Meinungs-, Religions-, Presse- und Versammlungsfreiheit (1. Zusatz), das Recht zum Tragen von Waffen (2. Zusatz), die Unverletzlichkeit der Person, der Wohnung und des Eigentums (4. Zusatz) sowie das Recht auf richterliches Gehör und Geschworenengerichte (5.-8. Zusatz).

---

27 Vorläufer der Verfassung von 1787 waren die am 15. November 1777 von 13 Einzelstaaten verabschiedeten und am 1. März 1781 in Kraft getretenen Articles of Confederation (Konföderationsartikel), die eine immerwährende Union (perpetual union) zwischen den Einzelstaaten proklamierte. Im Unterschied zur Verfassung von 1787 schufen die Articles keinen Bundesstaat, sondern einen Staatenbund mit schwacher Zentralgewalt und starken Einzelstaaten (Depkat 2016, S. 65 f.).

Die Verfassung[28] stellt einen Kompromiss dar zwischen dem Prinzip der horizontalen Gewaltenteilung, das in der Schaffung des Amtes eines Präsidenten als Chef der Exekutive, eines ihn kontrollierenden Kongresses sowie eines obersten Bundesgerichts (Supreme Court), das zugleich als Verfassungsgericht fungiert, zum Ausdruck kommt, und dem Prinzip der vertikalen Gewaltenteilung, durch die ein Gleichgewicht zwischen dem Bund und den Einzelstaaten geschaffen wurde sowie der Sicherung von Freiheitsrechten (Recht auf Leben, Freiheit und Streben nach Glück), wie sie in der Unabhängigkeitserklärung vom 04. Juli 1776 (Virginia Bill of Rights) proklamiert worden waren (Dippel 2007, S. 31).

Die Verfassung normiert gleichwohl nicht nur eine strikte Gewaltenteilung, sondern auch eine Gewaltenverschränkung.[29] Diese findet ihren Ausdruck u. a. darin, dass Gesetze durch ein präsidentielles Veto gestoppt werden können, dass vom Präsidenten ausgehandelte und unterschriebene Verträge mit anderen Staaten vom Senat ratifiziert werden müssen und dass hohe Bundesbeamte zwar vom Präsidenten vorgeschlagen werden, ihre Ernennung jedoch einer vorangehenden Bestätigung durch den Senat bedarf (Gellner/Kleiber 2012, S. 34).

Geleitet wurden die Verfassungsarchitekten um George Washington, Alexander Hamilton und James Madison von der Idee, Kontrollmechanismen zur Verhinderung von Machtmissbrauch einzubauen – in Form einer „temporären Machtkontrolle", in

---

28 Eine deutsche Fassung findet sich unter: https://usa.usembassy.de/ etexts/gov/gov-constitutiond.pdf, 25.07.2017.

29 Die Bedeutung beider Prinzipien kommt bereits in den Federalist Papers von James Madison 1787/1788 zum Ausdruck und zwar in Nr. 48: *„These Departments Should Not Be So Far Separated as to Have No Constitutional Control Over Each Other"* sowie in Nr. 51: *„The Structure of the Government Must Furnish the Proper Checks and Balances Between the Different Departments"*.

dem der Bürger die Macht nur auf Zeit auf seine Repräsentanten überträgt und in Form einer „vertikalen Machtkontrolle", in dem die Interessen der den einzelnen Bürgern näher stehenden Einzelstaaten mit dem Bundesstaat in Übereinstimmung gebracht werden (Braml 2013, S. 8).

Der amerikanische Verfassungstext ist zwar von der britischen Verfassungstradition inspiriert, ein Unterschied tritt gleichwohl deutlich zu Tage. Während in Großbritannien das Prinzip der Parlamentssouveränität – alle Gesetze haben einen gleichen Rang inne und (nur) das Parlament darf Gesetze erlassen, ändern oder aufheben – konstituierend ist, bekennt sich die amerikanische Verfassung zur Höherrangigkeit des Verfassungsrechts. Begründet wird dieser Primat mit der Überzeugung, dass die Verfassung Ausfluss der Volksouveränität, der volonté général (Jean Jacques Rousseau, „Du Contrat Social", 1762) ist und daher zwangsläufig höherwertiger als die vom Parlament erlassenen Gesetze zu betrachten ist (Stüwe 2013, S. 40 f.). Diese Sichtweise entspricht dem deutschen Verfassungsverständnis, wonach jedes deutsche Gesetz mit dem höherrangigen Grundgesetz (Verfassung) in Einklang stehen muss.

Der Verfassungstext verlangt für die Änderung der Verfassung ein kompliziertes Verfahren, welches breiten Konsens erfordert. Beide Kammern des Kongresses (Senat und Repräsentantenhaus) müssen einer Änderung mit mindestens einer Zweidrittelmehrheit zustimmen. Zusätzlich bedarf es der Billigung von drei Vierteln der Bundestaaten. Verfassungsänderungen sind Ergänzungen, die dem Text der 1787 beschlossenen Verfassung angehängt werden. Bis 1992 traten 27 Zusatzartikel in Kraft.

3.2.2 Staatsaufbau

Die Verfassung der USA stellt den Versuch dar, eine Brücke zwischen den Befürwortern eines Bundesstaats mit starker Zentralregierung (sogenannte Federalists um Alexander Hamilton) und den einen losen Staatenbund (Konföderation) und damit weitgehende Eigenständigkeit der Einzelstaaten favorisierenden Kräften (sogenannte Anti-Federalists um James Madison) zu schlagen. Mit der in der Verfassung verankerten bundesstaatlichen Struktur sahen die Federalists das System der horizontalen Gewaltenverschränkung bzw. -hemmung (checks and balances), das auf die Begrenzung der staatlichen Machtentfaltung abzielte, in idealer Weise ergänzt (Welz 2007, S. 69). Die Anti-Federalists verlangten für ihre Zustimmung im Verfassungskonvent eine Ergänzung der Verfassung durch die Bill of Rights, um den einzelnen Bürger vor der Willkür des Bundes zu schützen (Hübner/Münch 2013, S. 16).

Die USA bestehen aus 50 Einzelstaaten sowie dem District of Columbia.[30] Staatliche Aufgaben werden sowohl von der Bundesebene als auch von der Einzelstaatenebene wahrgenommen. Die Verwaltungsstruktur ist dreigliedrig: Neben der Bundesverwaltung und den Einzelstaatenverwaltungen mit dem vom Volk gewählten Gouverneur an der Spitze, gibt es kommunale Gebietskörperschaften, die nicht in der Verfassung erwähnt sind und deren sachliche und räumliche Aufgabenzuständigkeit allein von den Einzelstaaten bestimmt wird. Hierzu zählen ländliche Verwaltungsbezirke (counties), Städte (municipalities), Gemeinden (townships) sowie Schulbezirke (school districts) – insgesamt sind es rund 89.000 Verwaltungseinheiten (Welz 2007, S. 74; Oldopp 2013, S. 13 f.).

---

30 Der District of Columbia oder Washington, D.C. ist ein Bundesdistrikt, Regierungssitz, seit 1800 die Hauptstadt der Vereinigten Staaten.

3.2 Das Regierungssystem der USA

Die Kompetenzverteilung zwischen Bund und Einzelstaaten ist in Art. 1, Abschn. 8 der Verfassung geregelt. Demnach ist der Bund u. a. für folgende Bereiche zuständig (sogenannte „enumerated powers"):

- Münzhoheit
- Postwesen
- Erhebung von Bundessteuern und -zöllen
- Außenpolitik
- Aufnahme von Krediten
- Ratifizierung von Verfassungszusätzen
- Regulierung des Außenhandels und des Handels zwischen den Einzelstaaten
- Landesverteidigung
- Erklärung von Kriegen
- Schaffung von dem Obersten Bundesgericht nachgeordneten Gerichten
- Erlass von Gesetzen, die notwendig und zweckdienlich sind, um die dem Bund von der Verfassung übertragenen Rechte und Befugnisse zu erfüllen.

Die Rechte der Einzelstaaten erstrecken sich auf folgende Politikfelder:

- Ratifizierung von Verfassungszusätzen
- Wahlgesetze
- Innerstaatlicher Handel
- Ausübung der Gesetzeskompetenzen, die nicht dem Bund zugewiesen oder den Staaten nicht untersagt sind
- Einrichtung kommunaler Verwaltungsebenen.

In einigen Bereichen überlappen sich jedoch die Kompetenzbereiche beider Ebenen. So können sowohl der Bund als auch die Einzelstaaten

- Steuern erheben
- Kredite aufnehmen
- Gesetze erlassen und ausführen
- Gerichte schaffen
- Ausgaben für Soziales tätigen
- Enteignungen vornehmen.

Von wenigen Ausnahmen abgesehen, geht aus dem Verfassungstext nicht hervor, ob eine dem Bund oder den Einzelstaaten zugewiesene Kompetenz eine ausschließliche oder konkurrierende Zuständigkeit beinhaltet (Fraenkel 1962, S. 110). Sollten indes nationale und gliedstaatliche Regelungen miteinander kollidieren, so bestimmt Art. 6 der Verfassung, dass Bundesgesetze Vorrang vor den Gesetzen der Einzelstaaten haben.

Weil die Befugnisse des Bundes und der Einzelstaaten im Sinne einer vertikalen Gewaltenteilung prinzipiell streng voneinander getrennt sind, d.h. sich die eine Ebene nicht in die Aufgaben der anderen Ebene einmischen darf, beide Ebenen in ihrem Zuständigkeitsbereich sowohl für die Verabschiedung als auch für die Durchführung der Gesetze eigenständig verantwortlich sind und sowohl Bund als auch die Einzelstaaten ihre eigenständigen exekutiven, legislativen und judikativen Institutionen besitzen, spricht man vom dualen Föderalismus (dual federalism) in den USA.[31]

---

31 Im Unterschied zum sogenannten verflochtenen, kooperativen Verbundföderalismus, in dem sich Zentralstaat und seine Gliedstaaten eine Reihe von Kompetenzen teilen und deshalb eng zusammenarbeiten müssen wie z. B. in Deutschland und in der Schweiz.

Jenseits der Aufgabenabgrenzung gibt es Regelungen in der Verfassung, die einerseits die Einzelstaaten, andererseits den Bund stärken. So spezifiziert der zehnte Verfassungszusatz, dass alle Machtbefugnisse, die nicht explizit dem Zentralstaat übertragen oder den Einzelstaaten entzogen sind, den Einzelstaaten vorbehalten sind. Demgegenüber steht dem Bund in Gestalt des Kongresses in Art. 1, Abschn. 8 der Verfassung das Recht (die „implied power") zu, alle *„notwendigen und zweckdienlichen"* Gesetze zu erlassen, welche die Regierung zur Erfüllung ihrer verfassungsmäßigen Rechte und Befugnisse benötigt, was in der Praxis einen großen Interpretationsspielraum zulässt (Braml 2013, S. 27 f.). Jede in der Verfassung vorgesehene Befugnis zur Ausübung von Bundesgewalt schließt die Kompetenz ein (implies), alle geeigneten Mittel anzuwenden, um deren ungestörtes Funktionieren zu gewährleisten (Fraenkel 1962, S. 120).

Ein Kennzeichen des US-amerikanischen Föderalismus ist die Staatengleichheit. Während in Deutschland das Stimmgewicht der Bundesländer im Bundesrat an die jeweilige Bevölkerungszahl gekoppelt ist, wird jeder Einzelstaat in den USA unabhängig von seiner Größe von zwei Senatoren auf Bundesebene in Washington vertreten.[32]

Besonders geschützt sind die Einzelstaaten durch die Verfassung in ihrer Existenz und ihrem Gebietsbestand gegen Eingriffe der Bundesebene (Art. 4, Abschn. 3). So bedarf die Zusammenlegung bestehender Staaten oder die Abtretung von Gebietsteilen eines Bundesstaates an einen anderen sowohl der Zustimmung der Legislative des betroffenen Einzelstaates als auch der Zustimmung des Kongresses. Darüber hinaus ist der Bund gegenüber

---

32 Die Bevölkerungszahl der Bundesstaaten variiert deutlich. So leben in Kalifornien als bevölkerungsreichstem Staat rund 39 Mio. Einwohner; Wyoming ist dagegen mit rund 580.000 Einwohnern der bevölkerungsärmste Bundesstaat.

den Einzelstaaten zur Gewährleistung einer „republikanischen Regierungsform"[33] verpflichtet (Art. 4, Abschn. 4).

Seit der Gründung der USA war die bundesstaatliche Struktur einem steten Wandel unterworfen. Dies erklärt sich zum einen mit den Grundsatzentscheidungen des Supreme Court, der zugleich Verfassungsgericht ist, weil er über Streitigkeiten zwischen Bundesstaat und Einzelstaaten entscheidet und damit maßgeblich Art und Ausmaß des Föderalismus bestimmt – je nach Zusammensetzung des Gerichts schlug das Pendel mal in Richtung Bund, mal in Richtung Einzelstaaten aus. Zum anderen mit der zunehmenden Praxis des Bundes, die Einzelstaaten bei der Erfüllung ihrer Aufgaben mittels Bundeszuweisungen (federal grants-in-aid) finanziell zu unterstützen und damit Einfluss auf die einzelstaatliche Politik zu nehmen (Welz 2007, S. 75 f.). Diese Form des „Hineinregierens" in die Einzelstaaten wurde noch verstärkt durch finanzielle Hilfen des Bundes, z. B. in den Bereichen Soziales und Infrastruktur, die mit Auflagen verbunden waren und nicht selten aus parteipolitischen und wahltaktischen Erwägungen vergeben wurden. Spätestens ab den 1930er Jahren durch die „New Deal-Politik" des Präsidenten Roosevelt ist der duale Föderalismus durch eine Form des kooperativen Föderalismus (cooperative federalism) überlagert worden (Braml 2013, S. 28). Die Zusammenarbeit von Bund und Einzelstaaten unter der Präsidentschaft von George W. Bush wurde aufgrund heftiger Konfrontationen als Zwangsföderalismus („coercive federalism") charakterisiert. Die Präsidentschaft Obamas wird mit dem Begriff des fragmentierten Föderalismus („fragmented federalism") versehen, womit der Tatsache Rechnung getragen werden soll, dass die Obama-Administration auf einen Mix von Anreizen und Sanktionen in ihrer Politik gegenüber den Einzelstaaten setzte (Oldopp 2013, S. 53 f.).

---

33 Gemeint ist Staatsform.

3.2.3 Staatsoberhaupt

Staatsoberhaupt (head of state) ist der Präsident. Er hat zugleich das Amt des Regierungschefs (head of government) inne, was durch folgende Formulierung in der US-Verfassung zum Ausdruck kommt: *„Die vollziehende Gewalt liegt bei dem Präsidenten der Vereinigten Staaten von Amerika"* (Art. 2, Abschn. 1). Indem somit das Amt des Präsidenten und des Regierungschefs in einer Person vereinigt ist, spricht man von einer monistischen bzw. geschlossenen Exekutive.

Zum Präsidenten (für eine Übersicht der Amtsinhaber seit 1945 siehe Tab. 3.3) kann nur gewählt werden, wer in den USA geboren ist, seinen Wohnsitz seit mindestens 14 Jahren im Gebiete der Vereinigten Staaten inne hatte und mindestens 35 Jahre alt ist. Die Amtszeit beträgt vier Jahre; zulässig ist eine einmalige Wiederwahl.[34] Die Wahlen finden traditionell am Dienstag nach dem ersten Montag im November eines Wahljahres statt, die Amtseinführung ist auf den 20. Januar des Folgejahres festgesetzt.

Die Präsidentschaftskandidaten werden von den Delegierten der Nationalkonvente beider Parteien nominiert. Davor müssen sie in den Vorwahlen ihrer Partei einen mühsamen Auswahlprozess in den Bundesstaaten durchlaufen. An diesen Vorwahlen dürfen sich alle Wahlberechtigten beteiligen, die sich eidesstattlich als Anhänger bzw. Wähler einer Partei bekennen.

---

34 Abweichend von der Tradition wurde der 1932 und 1936 zum Präsidenten gewählte Franklin D. Roosevelt 1940 für eine dritte Amtszeit und 1944 für eine vierte wiedergewählt. Die Begrenzung auf nur eine Wiederwahl erfolgte durch den 1951 in Kraft getretenen 22. Zusatzartikel.

Tab. 3.3 US-Präsidenten seit 1945

Präsident	Partei	Amtszeit
Harry Truman	Demokrat	1945–1953
Dwight D. Eisenhower	Republikaner	1953–1961
John F. Kennedy*	Demokrat	1961–1963
Lyndon B. Johnson	Demokrat	1963–1969
Richard Nixon	Republikaner	1969–1974
Gerald Ford**	Republikaner	1974–1977
Jimmy Carter	Demokrat	1977–1981
Ronald Reagan	Republikaner	1981–1989
George H.W. Bush	Republikaner	1989–1993
Bill Clinton	Demokrat	1993–2001
George W. Bush	Republikaner	2001–2009
Barack Obama	Demokrat	2009–2017
Donald Trump***	Republikaner	2017–

* durch ein Attentat ums Leben gekommen.
** als Vizepräsident nach Rücktritt Nixons ins Amt gelangt.
*** am 08. November 2016 zum 45. Präsidenten der USA gewählt und seit dem 20. Januar 2017 im Amt.

Quelle: In Anlehnung an Gellner/Kleiber (2012, S. 81 f.) mit eigener Ergänzung.

Der Präsident wird nicht direkt vom Volk gewählt, sondern indirekt von einem Wahlmännerkollegium (electoral collage). Jeder Einzelstaat bestimmt eine Anzahl von Elektoren, die der Gesamtzahl der ihm im Kongress zustehenden Senatoren und Abgeordneten entspricht. Hinzu kommen drei Elektoren für Washington D.C., womit eine Gesamtzahl von 538 erreicht wird. Bei der Präsidentenwahl fallen alle Elektorenstimmen auf den Kandidaten, für den sich eine relative Mehrheit der Wähler im betreffenden Staat entschieden hat. Die auf den unterlegenen Kandidaten entfallenen Stimmen bleiben unberücksichtigt („winner-takes it all-Prinzip").

Gewählt ist, auf den eine absolute Mehrheit im Wahlmännerkollegium entfällt (270). Damit kann die Situation eintreten, dass ein Präsidentschaftskandidat eine Mehrheit im electoral college gewinnt und damit zum Präsident gewählt ist, obwohl sein unterlegener Konkurrent eine Mehrheit in der Wählerschaft (popular vote) errungen hat. Dieser Fall trat seit 1824 fünfmal ein. So im Jahr 2000, als der Republikaner George W. Bush eine knappe Mehrheit im Wahlmännerkollegium auf sich vereinigen konnte (271 zu 266), der Demokrat Al Gore hingegen eine Mehrheit in der Wählerschaft gewann (48,4 zu 47,9 Prozent). Auch bei der jüngsten Präsidentschaftswahl am 08. November 2016 stellte sich diese Situation ein. Donald Trump gewann zwar eine deutliche Mehrheit bei den Wahlmännern (306 zu 232), seine Konkurrentin Hillary Clinton konnte indes beim popular vote weit über zwei Mio. Stimmen mehr auf sich vereinigen.[35]

Der Vizepräsident, der gemeinsam mit dem Präsidenten ins Amt gewählt wird, tritt nach der Verfassung an dessen Stelle, wenn dieser stirbt, zurücktritt, unfähig zur Wahrnehmung der Befugnisse und Obliegenheiten seines Amtes ist oder seines Amtes im Wege eines Amtsenthebungsverfahrens (Impeachment) enthoben wird (Art. 2, Abschn. 1). Vorzeitig vakant wurde das Präsidentenamt zuletzt 1974, als der damalige Vizepräsident Gerald Ford infolge des Rücktritts von Richard Nixon in das Amt des Präsidenten

---

35 Alle vier Jahre treffen sich die Elektoren in den jeweiligen Hauptstädten ihrer Bundesstaaten, um den Präsidenten formal zu wählen. In rund der Hälfte der Bundesstaaten sind die Wahlmänner verpflichtet, dem Kandidaten ihre Stimme zu geben, der bei der Präsidentschaftswahl die Mehrheit der Stimmen im Bundesstaat errungen hat. In den anderen Bundesstaaten existiert eine solche Stimmpflicht nicht. Sollten sich – was noch nie vorgekommen ist – Elektoren nicht an das Wahlergebnis halten und ein Kandidat die notwendige Mehrheit von 270 Wahlmännern verpassen, würde das Repräsentantenhaus die Entscheidung treffen, wer Präsident wird.

aufrückte. Lyndon B. Johnson hatte das Präsidentenamt durch den Tod Kennedys infolge eines Attentats übernommen. Das Amt des Vizepräsidenten spiegelt ein Stück weit die Gewaltenverschränkung in den USA wider, weil der Vizepräsident kraft Amtes auch Präsident des Senats ist – sein Stimmrecht im Senat übt er indes nur bei Stimmengleichheit aus.[36]

Die Kompetenzen des amerikanischen Präsidenten werden insbesondere in Art. 2, Abschn. 2 der Verfassung aufgeführt: Er ist Oberbefehlshaber der Armee und der Flotte der Vereinigten Staaten (chief commander), wobei allerdings der Kongress zuständig ist für die Kriegserklärung und für die Bereitstellung der Haushaltsmittel für die Armee oder für militärische Aktionen. Als Präsident kann er völkerrechtliche Verträge abschließen, für die anschließende Ratifizierung bedarf es jedoch der Zustimmung von Zweidritteln der bei der Abstimmung anwesenden Senatoren. Darüber hinaus ernennt er die Beamten des Bundes und die Bundesrichter – der Senat muss den Vorschlägen allerdings mit Mehrheit zugestimmt haben.

Insbesondere das Recht zur Ernennung der Richter für den Obersten Gerichtshof (Supreme Court) ist für den Präsidenten von großer Bedeutung. Denn je nachdem, wie das Gericht personell und ideologisch besetzt ist, hat es großen Einfluss auf die Durchsetzung präsidialer Politik. Der Supreme Court, der als höchstes Berufungsgericht und als oberstes Verfassungsgericht fungiert, kann vom Präsidenten initiierte Gesetzesvorhaben stoppen oder darüber entscheiden, inwieweit das Handeln des Präsidenten rechtmäßig war (Zeitler 2010, S. 180).

---

36 Als im Februar 2017 50 Senatoren für und 50 Senatoren gegen die Berufung von Betsy DeVos zur Bildungsministerin in der Regierung Trump gestimmt hatten, musste erstmals in der US-Geschichte der Vizepräsident (Mike Pence) mit seiner Stimme den Ausschlag für die Bestätigung einer Ministerin geben.

3.2 Das Regierungssystem der USA

Als Regierungschef hat der Präsident laut Verfassung dafür zu sorgen, dass die vom Kongress erlassenen Gesetze gewissenhaft vollzogen werden (Art. 2, Abschn. 3). Jährlich hält er eine Rede zur Lage der Nation („state of the union address") vor beiden Kammern des Kongresses, in der er im Sinne einer Regierungserklärung zu aktuellen Ereignissen Stellung nimmt und anstehende Gesetzesinitiativen bzw. das Programm seiner Regierung präsentiert. Mit dieser Ansprache setzt er das in der Verfassung verankerte Recht um, *„dem Kongress Maßnahmen zur Beratung zu empfehlen, die er für notwendig und nützlich erachtet"* (ebd.).

Die Verfassung räumt dem Präsidenten kein originäres Gesetzgebungsinitiativrecht ein. Gleichwohl besitzt er eine starke legislative Rolle („chief legislator"), indem er Gesetzesvorlagen über die Führer seiner Partei im Kongress einbringt oder auch förmlich den Vorsitzenden beider Häuser zuleitet und um Behandlung im Kongress bittet (Jäger 2007, S. 148). Bei der Ausarbeitung der Gesetzesvorlagen kann er sich auf den Sachverstand und die Informationsfülle seines gut ausgebauten administrativen Apparates stützen. Einfluss auf die Gesetzgebung übt der Präsident auch auf andere Weise aus: Für den Fall, dass beide Kammern des Kongresses einen wörtlich übereinstimmenden Gesetzestext beschließen und diesen an den Präsidenten weiterleiten, kann er das Gesetz unterzeichnen oder ein Veto einlegen und seine ablehnende Haltung schriftlich dokumentieren. Legt der Präsident ein Veto ein, so scheitert das ganze Gesetz, nicht etwa nur jene Passagen, mit denen der Präsident nicht einverstanden ist. Dieses suspensive Veto kann allerdings von einer Zweidrittelmehrheit in beiden Kammern überstimmt werden, womit das präsidiale Veto zurückgewiesen ist und das Gesetz in Kraft treten kann (Hartmann/Kempf 2011, S. 202 f.). Von den bis zum Jahr 2012 von US-Präsidenten eingelegten 1.498 Vetos sind lediglich 110 (12,3 Prozent) vom Kongress überstimmt worden, was die legislative Macht des US-Präsidenten deutlich unterstreicht (Oldopp 2013, S. 66).

Über das aufschiebende Veto hinaus verfügt der Präsident durch Art. 1, Abschn. 7 der US-Verfassung über ein sogenanntes „pocket veto": *„Falls eine Gesetzesvorlage vom Präsidenten nicht innerhalb von zehn Tagen (Sonntage nicht eingerechnet) nach Übermittlung zurückgegeben wird, erlangt sie in gleicher Weise Gesetzeskraft, als ob er sie unterzeichnet hätte, es sei denn, dass der Kongress durch Vertagung die Rückgabe verhindert hat; in diesem Fall erlangt sie keine Gesetzeskraft".* Diese Bestimmung hat insbesondere Richard Nixon in seiner Präsidentschaft bewogen, nach Vertagung des Kongresses am Ende einer Sitzungs- oder Legislaturperiode einige Gesetze nicht zu unterzeichnen und sie „in der Tasche" verschwinden zu lassen.

Bei der Ablehnung eines vom Kongress eingebrachten Gesetzes können amerikanische Präsidenten ein politisches Prüfungsrecht geltend machen, d. h., ihr Veto kann allein darauf beruhen, dass sie politisch mit einem Gesetz nicht einverstanden sind. Auch dies stellt einen fundamentalen Unterschied zum parlamentarischen System wie etwa in Deutschland dar – dem Bundespräsidenten steht ein solches politisches Prüfungsrecht nicht zu.

Um sein politisches Programm durchzusetzen, stehen dem Präsidenten nicht nur von ihm initiierte und vom Kongress verabschiedete Gesetze zur Verfügung, sondern auch directives, also Verordnungen oder Ausführungsbestimmungen, die nicht an eine Zustimmung des Parlaments gebunden sind und den Behörden Handlungsanweisungen zur Umsetzung präsidentieller Politik geben. Hierzu zählen Dekrete (executive orders), Kommentare zu verabschiedeten Gesetzen (signing statements) und Verwal-

3.2 Das Regierungssystem der USA

tungserlasse (memoranda) (Haas 2016, S. 220). Executive Orders[37] setzen zwar auf Anordnung des Präsidenten politische und/oder verwaltungstechnische Aktivitäten in Gang, können indes, weil sie keinen Gesetzescharakter haben, auch verhältnismäßig leicht wieder aufgehoben werden, so z. B. durch ein vom Kongress erlassenes Gesetz, eine Gerichtsentscheidung[38] oder ein Dekret eines späteren Präsidenten. Darüber hinaus stoßen sie dann an Grenzen, wenn mit ihnen finanzielle Aufwendungen verbunden sind, weil dann der Kongress die entsprechenden Mittel bereitstellen muss.[39]

Über die bereits genannten Instrumente hinaus verfügt der Präsident über weitere Möglichkeiten, sich im Kongress durchzusetzen. Darunter fallen die Einforderung der Parteiloyalität, Verhandlungen hinter verschlossenen Türen zur Kompromissbildung, Nutzung informeller Kontakte, Überredung und Einschüchterung bis hin zu öffentlichen Mobilisierungskampagnen (Zeitler 2010, S. 188).

Der Präsident der USA hat die Funktion eines politischen Führers inne, der Visionen entwickeln und Durchsetzungskraft bei der Umsetzung seiner Politik beweisen soll. Er gilt als moralisches Vorbild und Identifikationsfigur (ebd., S. 183). In Zeiten, in denen sich das Land von innen oder außen bedroht fühlt, wie nach den

---

37 Beispiele hierfür sind die von Präsident Trump angeordneten Dekrete über den Ausstieg aus der Krankenversicherung (Obama-Care), den Bau einer Mauer an der Grenze zu Mexiko und den Einreisestopp für Flüchtlinge und Besucher aus sieben mehrheitlich muslimischen Ländern in die USA.

38 Auf Antrag der Justizminister der Bundesstaaten Washington und Minnesota hatte ein Bundesrichter in Seattle das Dekret über den Einreisesstopp von Muslimen vorerst außer Kraft gesetzt. Ein daraufhin von der US-Regierung eingelegter Einspruch wurde von einem Berufungsgericht in San Francisco einstimmig abgelehnt.

39 Dies trifft zum Beispiel für das Dekret zum Bau einer Mauer an der Grenze zu Mexiko zu.

Anschlägen vom 11. September 2001, genießt er die Unterstützung des gesamten Kongresses („rally-around-the-flag effect").

Mit den an ihn gestellten Erwartungen ging seit Anfang des 20. Jahrhunderts ein stetiger Machtzuwachs des Präsidenten einher. Einen (negativen) Höhepunkt stellt in diesem Zusammenhang die Präsidentschaft Richard Nixons (1969-1973) dar, die in die amerikanische Geschichte als „imperial presidency" einging aufgrund der von Nixon verfolgten Strategie, mit zum Teil zwielichtigen Verfassungsmanövern die Gesetzgebungs- und Konsultationskompetenz des Kongresses zu seinen Gunsten zu beschneiden.[40] Der Kongress versuchte insbesondere durch zwei Gesetze, das Kräfteverhältnis wieder zu seinen Gunsten zu ändern und darüber hinaus klarere Regeln über die Kompetenzen der Exekutive und der Legislative im Bereich der Außen- und Verteidigungspolitik zu schaffen: 1973 wurde der „War Power Act" gegen das Veto Nixons verabschiedet. Dieses Gesetz schreibt fest, dass spätestens 48 Stunden, nachdem amerikanische Truppen in einen Auslandseinsatz geschickt wurden, der Kongress vom Präsidenten zu informieren ist. Falls der Kongress keinen längeren Einsatz billigt, endet der Einsatz der Truppen nach 60, maximal nach 90 Tagen. Der 1974 verabschiedete „Congressional Budget and Impoundment Act" gibt dem Kongress die Möglichkeit, den Präsidenten zur Ausgabe bewilligter Mittel zu zwingen. Darüber hinaus schuf der Kongress ein eigenes Haushaltsamt, das Congressional Budget Office, um dem Präsidenten bei der Haushaltsaufstellung Paroli bieten zu können (Zeitler 2010, S. 180; Oldopp 2013, S. 69 ff.).

Es gibt zahlreiche Gründe, warum der Präsident im amerikanischen Regierungssystem das dominierende Verfassungsorgan ist:

---

[40] Hierzu zählt u. a., dass Nixon internationalen Verträgen den Status von Regierungs- und Verwaltungsabkommen („executive agreements") gab und diese damit der Zustimmungspflicht durch den Senat entzog.

3.2 Das Regierungssystem der USA

(1) die von der Verfassung angelegte Struktur einer Ein-Mann-Exekutive; (2) der Bedeutungsgewinn der Außenpolitik, in der der Präsident qua Verfassung bereits eine aktivere Rolle wahrnimmt als der Kongress, was durch die Terroranschläge vom 11. September 2001 weiter verstärkt wurde; (3) die weitgehend freie Hand, die der Präsident vom Kongress in Krisenzeiten in seinem außenpolitischen wie innenpolitischen Handeln bekam, wie die Durchsetzung zahlreicher Gesetze der Bush-Administration nach 9/11 zeigt; (4) die Möglichkeit von Präsidenten, bedeutende politische Entscheidungen wie z. B. die Einrichtung des Gefangenenlagers Guantanamo durch George W. Bush auch ohne Zustimmung des Kongresses, von Interessengruppen oder der Bürokratie durchzusetzen; (5) das einem Präsidenten umgebende quasi-monarchische Zeremoniell, das u. a. dadurch zum Ausdruck kommt, dass der Präsident bei jedem öffentlichen Auftritt mit der Hymne „Haile to the Chief" angekündigt wird; (6) die Durchsetzung des allgemeinen Wahlrechts, die den Präsidenten zum einzigen von der ganzen Nation legitimierten Verfassungsorgan macht; (7) die Ausbreitung der modernen Medien, mit denen der Präsident via Fernsehansprachen oder Pressekonferenzen direkt mit den Wählern kommunizieren und für seine Anliegen werben kann;[41] (8) die Entwicklung der USA zu einem modernen Wohlfahrtsstaat, die eine Vermehrung der Staatsaufgaben und ein zunehmendes Engagement des Bundes auf sozialem und wirtschaftlichen Gebiet bewirkte und zur Einrichtung neuer dem Weißen Haus unterstellten Behörden sowie einem deutlichen Zuwachs im Beamtenapparat führte (Stüwe 2013, S. 124 ff.).

---

[41] Donald Trump manifestiert seine mediale Präsenz durch Sendung von Twitternachrichten.

3.2.4 Regierung[42]

Der Amtssitz des Präsidenten ist das Weiße Haus (1600 Pennsylvania Avenue, Washington, D.C.). Weil das Amt des Präsidenten und des Regierungschefs in den USA in einer Person vereint ist, unterscheidet sich die Regierungsorganisation deutlich von derjenigen beispielweise in Großbritannien, Frankreich und Deutschland. Während sich der Bundeskanzler als Regierungschef mit den Ministern seines Kabinetts berät, um eine kollegiale Entscheidung zu treffen (sogenanntes Kollegialprinzip), entscheidet in den USA der Präsident allein und lässt sich höchstens von ihm nahe stehenden Personen seiner Administration, zu denen auch die ein Department (vergleichbar einem Ministerium) leitenden Secretaries gehören, beraten. Kommt es zu einer Zusammenkunft von Präsident und Secretaries spricht man zwar vom „cabinet". Weil es jedoch weder in der Verfassung verankert ist, noch in der Praxis eine nennenswerte Rolle spielt, hat es keinen nachhaltigen Einfluss im Regierungsalltag (Hartmann/Kempf 2011, S. 198 f.).

Auch wenn die Secretaries nur einen sehr begrenzten Einfluss auf die Entscheidungen des Präsidenten haben und damit kaum aktiv in die Politikgestaltung eingreifen, spielen sie als Manager ihrer Departements gleichwohl eine wichtige Rolle und tragen für sie die Verantwortung (was dem Ressortprinzip in Deutschland entspricht). Die Secretaries werden vom Präsidenten mit Zustimmung des Senats ernannt und können von ihm jederzeit ohne Angabe von Gründen entlassen werden.

Die gegenwärtige Zahl der Departements beträgt 15 – nur der Kongress kann die Einrichtung weiterer Departements beschließen. Zu den wichtigen und in der Öffentlichkeit bekannten Depart-

---

42 Die Administration (Regierung und Verwaltung) bilden die Exekutive in den USA.

ments gehören das Department of State (Außenministerium), das Treasury Department (Wirtschafts- und Finanzministerium) und das Department of Defense (Verteidigungsministerium). Zuletzt gegründet wurde das Department of Homeland Security (Heimatschutzministerium) infolge der Anschläge vom 11. September 2001 (Oldopp 2013, S. 71 f.).

Der Präsident stützt seine Regierungsgeschäfte seit 1939 auf einen auf ihn zugeschnittenen Apparat – das Executive Office of the President (EOP). Das EOP nimmt in Form einer zentralen Beratungs- und Planungsbehörde die Funktion der Regierungszentrale der USA ein und hat sich im Laufe der Zeit zu einer schlagkräftigen nur dem Präsidenten verpflichteten Behörde entwickelt, die, vergleichbar dem Bundeskanzleramt, in zahlreiche Fachabteilungen gegliedert ist. Die Mitarbeiter werden entweder vom Präsidenten selbst oder von seinen Secretaries ausgesucht, wobei hier vielfach politische und weniger fachliche Gründe eine Rolle spielen. Bei einem Präsidentenwechsel kommt es deshalb naturgemäß zu einem Revirement im Mitarbeiterstab des EOP. Der Mitarbeiterstab des EOP hat während der Präsidentschaft Nixons einen Höchststand von 2000 erreicht, in der Obama-Administration waren 2015 rund 1.700 Vollzeitstellen besetzt mit einem Budget von 400 Mio. Dollar (Thunert 2016, S. 86).

Die größte Fachabteilung im EOP ist das Office of Management and Budget (OMB). Seine Aufgabe liegt in der Unterstützung des Präsidenten bei der Aufstellung eines einheitlichen Haushaltsplans, den die Exekutive aufgrund des Budget and Accounting Act von 1921 jährlich dem Kongress vorlegen muss. Mit der Vorlage eines Budgetentwurfs bietet sich dem Präsidenten die Chance, inhaltliche Schwerpunkte seiner Präsidentschaft zu setzen. Eine weitere wichtige und einflussreiche Abteilung ist der 1947 gegründete Nationale Sicherheitsrat (National Security Council), der den Präsidenten in Fragen der nationalen Sicherheit und der Außenpolitik berät. Der

Rat setzt sich in der Regel aus dem Vizepräsidenten, dem Außen- und Verteidigungsminister, dem nationalen Sicherheitsberater des Präsidenten sowie dem Vorsitzenden der Vereinigten Stabschefs der Streitkräfte und dem nationalen Geheimdienstdirektor zusammen.

Die wichtigste Abteilung innerhalb des EOP ist das White House Office (WHO), dem die engsten Berater und Vertrauten des Präsidenten angehören. An der Spitze steht der Stabschef, der über den Terminkalender des Präsidenten wacht und entscheidet, wer, wann und wie lange mit dem Präsidenten sprechen darf. Die wichtigste Aufgabe der Mitarbeiter liegt darin, dem Kongress und der Öffentlichkeit die Politik des Präsidenten bestmöglich „zu verkaufen", ihn in allen Politikfeldern zu beraten, die an ihn insbesondere von den Departements herangetragen Vorschläge zu bewerten und zu koordinieren und die gesamte Bürokratie zu überwachen (Hübner/Münch 2013, S. 138). Das WHO selbst ist in ca. 16 Unterabteilungen gegliedert. Zu den wichtigsten gehört das Congressional Relations Office – das Kongressverbindungsbüro des Präsidenten. Eine weitere bedeutende Dienststelle kümmert sich um die Beziehungen des Präsidenten zur Presse – geleitet wird sie vom Pressesprecher des Weißen Hauses.

Im Regierungsbetrieb der USA unterscheidet man zwischen dem sogenannten presidential government, also dem EOP und vor allem dem WHO, und dem permanent government, das jene Verwaltungsbehörden umfasst, die zwar der Exekutive zugeordnet sind, aber unabhängig vom jeweiligen Präsidenten auf Dauer eingerichtet sind. Hierzu zählen rund 140 Bundesbehörden und Kommissionen wie z. B. der Auslandsgeheimdienst CIA (Central Intelligence Agency) oder die Umweltschutzbehörde EPA (Environmental Protection Agency). Damit kann der Präsident letztlich für die Wahrnehmung seiner Regierungstätigkeit auf eine immense Bürokratie zurückgreifen (Hartmann 2011, S. 128 ff.; Stüwe 2013, S. 102 ff.; Oldopp 2013, S. 71 ff.).

3.2.5 Parlament

Art. 1, Abschn. 1 der Verfassung legt fest: *„Alle in dieser Verfassung verliehene gesetzgebende Gewalt ruht im Kongress der Vereinigten Staaten, der aus einem Senat und einem Repräsentantenhaus besteht"*. Damit wird der Kongress, der die Funktionen eines aus parlamentarischen Regierungssystemen bekannten Parlaments innehat, noch vor dem Präsidenten und dessen Aufgaben aufgeführt. Mit dieser hervorgehobenen Stellung wollten die Verfassungsväter dem Präsidenten ein starkes legislatives Gegengewicht an die Seite stellen. Durch die Aufteilung des Kongresses in zwei Kammern ist beabsichtigt, eine Machtballung innerhalb der Legislative zu verhindern und einer gegenseitigen Kontrolle zu unterziehen.

Das Repräsentantenhaus besteht aus 435 Abgeordneten. Die Abgeordneten werden alle zwei Jahre in Einerwahlkreisen direkt gewählt. Wie viele ein Einzelstaat in das Repräsentantenhaus entsenden kann, hängt von dessen Bevölkerungszahl ab – jedem steht jedoch mindestens ein Sitz zu. Der Senat zählt 100 Sitze – je zwei für einen der 50 Einzelstaaten, womit jedem das gleiche Gewicht im Senat zukommt. Die Senatoren werden ebenfalls direkt gewählt, allerdings für eine Amtszeit von sechs Jahren, wobei alle zwei Jahre ein Drittel neu gewählt wird. Mit Ausnahme des Vizepräsidenten, der dem Senat vorsitzt, darf niemand Mitglied des Kongresses sein, der im Bereich der Exekutive oder Judikative ein Amt innehat (Inkompatibilitätsgebot).[43] Der Kongress liegt traditionell, wie Tab. 3.4 zeigt, in der Hand der Republikanischen und der Demokratischen Partei.

---

43 Im Unterschied hierzu ist in Großbritannien ein Parlamentssitz geradezu Voraussetzung für die Übernahme eines Ministeramtes.

Tab. 3.4 Zusammensetzung US-Kongress*

	Senat	Repräsentantenhaus
Republikaner	51	239
Demokraten	47	193
Unabhängige	2**	–
Vakant	–	3
Insgesamt	100	435

* nach den Wahlen vom 08. November 2016 und Nachwahlen.
** stimmen in der Regel mit den Demokraten.
Quelle: https://www.govtrack.us/congress/members, 19.12.2017.

Wie Jäger (2007, S. 106) hervorhebt, ist der Kongress „*kein Parlament, das nach politischem Ermessen seiner Mehrheit der Regierung das Misstrauen aussprechen kann, sondern eine Legislative, deren höchste politische Sanktionsgewalt in der Gesetzgebung liegt*". Der Präsident ist also insoweit vom Kongress unabhängig, als er nicht von einer parlamentarischen Mehrheit durch ein Misstrauensvotum gestürzt werden kann, wie der Regierungschef in einem parlamentarischen Regierungssystem. Damit kann ein Präsident regieren, auch wenn in einer oder beiden Kammern die Partei eine Mehrheit hat, die nicht die seine ist. Umgekehrt ist jedoch auch der Kongress in großem Maße unabhängig vom Präsidenten, weil dieser ihm gegenüber, im Unterschied etwa zu Frankreich, über kein Auflösungsrecht verfügt. Diese Tatsache lässt dem Kongress zahlreiche Handlungsoptionen offen. Senatoren und Abgeordnete können so auch gegen Gesetzesinitiativen eines Präsidenten stimmen, der aus ihren Reihen stammt, weil ihre Zukunft weitgehend unabhängig von der des Präsidenten ist. Die Mitglieder des Kongresses betrachten sich in erster Linie ihren Wahlkreisen und dort den Wählern und Interessengruppen verpflichtet und weniger ihrer Partei oder dem Präsidenten. Und eine Fraktionsdisziplin wie in parlamentarischen Systemen gibt es nicht (Braml 2013, S. 9). Damit ist der Kongress als effektiver Widerpart des Präsidenten vergleichsweise das mächtigste Parlament in westlichen Demokratien (Hübner/Münch 2013, S. 117).

Der Kongress hat zahlreiche Möglichkeiten, den Präsidenten zu kontrollieren. Hierzu zählen die Einsetzung von Untersuchungsausschüssen, die es ihm ermöglichen, Unregelmäßigkeiten in der Regierung aufzudecken, das Mitspracherecht des Senats bei der Ernennung von Ministern (Secretaries), Bundesrichtern, Botschaftern und sonstigen Bundesbeamten, das Haushaltsbewilligungsrecht (power of the purse), mit dem er über das vom Präsidenten aufgestellte Budget entscheidet, womit er u. a. über die Finanzierung von Behörden und Programmen beschließt, die der Präsident für die Durchführung der Politik seiner Administration benötigt und das Recht des Senats, mit Zweidrittelmehrheit über die Ratifizierung der vom Präsidenten unterzeichneten völkerrechtlichen Verträge zu entscheiden.

Der Kongress hat zwar nicht das Recht, einen Präsidenten durch ein Misstrauensvotum abzuwählen, gleichwohl besitzt er die Möglichkeit, in Fällen von Landesverrat, Bestechung und anderen schweren Verbrechen (Art. 2, Abschn. 4 Verfassung) ein Amtsenthebungsverfahren (Impeachment) in die Wege zu leiten. Das Recht zur Amtsanklage liegt beim Repräsentantenhaus (Art. 1, Abschn. 2), d. h. eine Mehrheit muss zustimmen, dass dem Senat die Durchführung des Anklageverfahrens vorgeschlagen wird. Für die Amtsenthebung selbst müssen zwei Drittel der anwesenden Senatoren unter Vorsitz des obersten Bundesrichters stimmen (Art. 1, Abschn. 3).[44]

---

44 Das Impeachment-Verfahren kam bislang nur zweimal zur Anwendung: 1868 entging Andrew Johnson knapp der Amtsenthebung, weil bei der Schlussabstimmung im Senat eine Stimme fehlte. 1974 kam Richard Nixon einem Amtsenthebungsverfahren infolge der Watergate-Affäre

Der Kongress ist kein monolithischer Block. Dies liegt zum einen daran, dass beide Kammern aufgrund der nicht identischen Wahlzyklen unterschiedliche parteipolitische Mehrheiten aufweisen können, was sich auf die Unterstützung bzw. Nichtunterstützung für den Präsidenten auswirkt. Zum anderen am divergierenden Selbstverständnis beider Kammern. Während das Repräsentantenhaus das Prinzip der repräsentativen Republik verwirklichen soll mit einer starken Bindung der Abgeordneten an ihren Wahlkreis und ihre Wähler und einer kurzen Amtszeit von zwei Jahren, soll der Senat mit einer Amtszeit von sechs Jahren die Interessen des Gesamtstaates u.a. in der Außenpolitik vertreten. Darüber hinaus gibt es einen Statusunterschied zwischen Senatoren und Abgeordneten: Ein Senator vertritt einen ganzen Bundesstaat, sein Bekanntheitsgrad ist dementsprechend viel größer. Seine längere Amtszeit und Exklusivrechte im Gesetzgebungsprozess, zum Beispiel durch das „Filibustering"[45], mit dem er einen Gesetzesbeschluss verzögern oder gar verhindern kann, verleihen ihm ein stärkeres politisches Gewicht. Demgegenüber vertritt ein Abgeordneter nur einen Wahlkreis innerhalb eines Bundesstaates und ist somit über diesen hinaus nur wenig bekannt (Braml 2013, S. 10).

Wenngleich zuweilen eine große Rivalität zwischen beiden Kammern des Kongresses besteht, zwingt sie die Verfassung zur

---

durch seinen Rücktritt zuvor. Einem nach Art. 1, Abschn. 3 der Verfassung möglichen Strafverfahren entging er, weil er von seinem Nachfolger Ford amnestiert wurde. Im Dezember 1998 wurde Bill Clinton vom Repräsentantenhaus angeklagt, im Senat fand sich indes keine Zweidrittelmehrheit, weshalb er im Amt verblieb.

45 Das „Filibustering" wurde während der Obama-Präsidentschaft mehrfach von den Republikanern als Obstruktionsinstrument genutzt. Es gibt den Gegnern eines Gesetzesentwurf die Möglichkeit, eine Debatte endlos zu verlängern, es sei denn, dass eine Mehrheit von 60 Senatoren dem ein Ende setzt (Hübner/Münch 2013, S. 128). Im Repräsentantenhaus ist die Redezeit fest begrenzt.

3.2 Das Regierungssystem der USA

Zusammenarbeit, insbesondere bei der Gesetzgebung, wo sie gleichberechtigt sind. Gesetzesvorschläge müssen und können nur von Mitgliedern des Kongresses eingebracht werden, eine entsprechende Initiative durch den Präsidenten ist in der Verfassung nicht vorgesehen. Ein Quorum für die Einbringung eines Gesetzesvorschlags wie in Deutschland, wo es für eine Gesetzesinitiative aus der Mitte des Bundestags heraus mindestens fünf Prozent der Abgeordneten bedarf, gibt es in den USA nicht – jeder einzelne Abgeordnete oder Senator hat das Recht, einen Gesetzesvorschlag einzubringen. Damit eine Gesetzesvorlage (bill) dem Präsidenten zur Unterzeichnung vorgelegt werden kann, muss sie von Senat und Repräsentantenhaus wortgleich verabschiedet worden sein. Der dafür notwendige intensive Austausch findet häufig über den Mitarbeiterstab der Senatoren und Abgeordneten statt; in vielen Fällen auch erst später, in einem ad hoc für eine bestimmte Gesetzesvorlage einberufenen Gremium. Im Vermittlungsausschuss (conference committee) verhandeln dann von den Parteienführern in beiden Kammern bestimmte Abgeordnete und Senatoren in kleiner Runde, um einen Kompromiss zu finden. Damit eine Vorlage zum Gesetz (law) wird, bedarf es der Unterzeichnung durch den Präsidenten. Wie bereits ausgeführt, kann der Präsident ein aufschiebendes Veto einlegen, das nur mit Zweidrittel-Mehrheiten in beiden Kammern überstimmt werden kann (Oldopp 2013, S. 41 ff.).

In der Geschichte der USA hat es Phasen gegeben, in denen der Kongress, und Phasen, in denen der Präsident eine Vorherrschaft (Suprematie) besessen hat. Ersteres wird als „congressional government", letzteres als „presidential government" bezeichnet. Ob in einer bestimmten Phase von einem legislativen Übergewicht des Kongresses oder einer beherrschenden Stellung des Präsidenten gesprochen werden kann, hängt insbesondere davon ab, ob es sich, in Anbetracht getrennter Wahlen von Präsident und Kongress, um ein unified oder um ein divided government handelt. Ein unified government bedeutet, dass beide Kammern des Kongresses von der Partei dominiert werden, der der Präsident angehört. Ist dies der Fall, fällt es dem Präsidenten leichter, seine Politik durchzusetzen, auch wenn aufgrund der fehlenden Fraktionsdisziplin einzelne der Präsidentenpartei angehörende Abgeordnete und Senatoren bisweilen nicht im Sinne der Erwartungen oder Wünsche des Präsidenten abstimmen mögen. Von einem divided government spricht man, wenn Präsident und die Mehrheit zumindest in einer Kammer des Kongresses aus unterschiedlichen parteipolitischen Lagern stammen, was der Kohabitation in Frankreich entsprechen würde (Koschut 2013, S. 71; Haas 2016, S. 197). In der Geschichte der USA gab es zahlreiche Phasen eines divided government, was jedoch nicht zu einem Stillstand in der Gesetzgebung geführt hat (Zeitler 2010, S. 179).

Anders verhält es sich bei einem fully divided government, wenn also beide Kammern in der Hand der parteipolitischen Gegner des Präsidenten sind (wie unter Barack Obama in seinen letzten beiden Amtsjahren). Dann muss der Präsident noch viel stärker als bei einem (nur) divided government im Wege des bargainings versuchen, Stimmen von Abgeordneten und Senatoren der Gegenpartei zu gewinnen, wobei ihm das Fehlen der Fraktionsdisziplin zu Gute kommen kann. Unter der Präsidentschaft Obamas führte das fully divided government wegen der starken ideologisierenden Polarisierung der Parteien zu einer totalen Blockade in der Regierungspolitik.[46]

Die eigentliche gesetzgeberische Arbeit wird in den vom Kongress eingesetzten Ausschüssen geleistet. Das Repräsentantenhaus verfügt über 19, der Senat über 16 ständige Fachausschüsse (standing

---

46 Nach der Präsidentschaftswahl vom 08. November 2016 besteht ein unified government. Präsident Trump kann sich (zumindest für zwei Jahre) auf eine Mehrheit der Republikaner sowohl im Senat als auch im Repräsentantenhaus stützen (vgl. auch Tab. 3.2).

committees). Hinzu kommen 141 Unterausschüsse (subcommittees) und vier gemeinsame Ausschüsse (joint committees) sowie zahlreiche Sonderausschüsse (select oder special committees) (Oldopp 2013, S. 34). Die Ausschüsse sind ein Spiegelbild der Mehrheiten in beiden Kammern. Als sachkundige Gremien bereiten sie Gesetze vor, über die später im Plenum entschieden wird. Sie können Gesetzesvorlagen indes auch stoppen. Denn bestimmt ein Ausschuss oder ein von ihm gebildeter Unterausschuss, dass die Vorlage keiner weiteren Beratung lohnt, so ist sie gescheitert (Hartmann 2011, S. 106).

Eine einflussreiche Funktion im Kongress hat der Vorsitzende des Repräsentantenhauses inne. Er ist Abgeordneter der Mehrheitspartei, Anlaufstelle für alle Gesetzesvorlagen, die ins Repräsentantenhaus eingebracht werden, verteilt die Vorlagen an die zuständigen Ausschüsse und ernennt deren Vorsitzenden (Hübner/Münch 2013, S. 120). Ihm steht der Mehrheitsführer des Repräsentantenhauses zur Seite, der von der Mehrheitsfraktion gewählt wird. Beide zusammen bilden das Führungsteam des Repräsentantenhauses. Der Mehrheitsführer ist u. a. zuständig für den Einsatz der whips, die als Abgeordnete den Auftrag haben, sich vor wichtigen Abstimmungen ein Bild über die Stimmung in der Mehrheitsfraktion zu machen und abzuschätzen, welche Abgeordneten den Standpunkt der Fraktionsführung unterstützen (Hartmann 2013, S. 108 f.).

3.2.6 Parteiensystem

Das Parteiensystem ist von zwei Parteien geprägt, die sich während der Diskussion über die Auslegung der Bundesverfassung formiert hatten. In den Folgejahren änderten sie mehrfach ihren Namen. Aus den Föderalisten, die eine starke Zentralregierung befürworteten, entstanden die Nationalen Republikaner, die sich um die Mitte des 19. Jahrhunderts in "Republikanische Partei" umbenannten. Die Anti-Föderalisten organisierten sich als Republikaner, nannten sich später Demokratische Republikaner, aus denen unter der Präsidentschaft Andrew Jacksons (1829-1937) die Demokratische Partei hervorging.

Seit 1853 kann von einem Zwei-Parteiensystem gesprochen werden, weil ab diesem Zeitpunkt der Präsident der USA entweder der Demokratischen oder der Republikanischen Partei angehört. Seit Mitte der 1940er konnten die Präsidentschaftskandidaten beider Parteien im Durchschnitt aller Präsidentschaftswahlen 95,8 Prozent der abgegebenen Stimmen auf sich vereinigen. Im Kongress sitzen gegenwärtig lediglich zwei parteiunabhängige Senatoren. Republikaner und Demokraten dominieren jedoch nicht nur auf der Bundesebene. Auch auf der Ebene der Einzelstaaten kann ein Kandidat nur erfolgreich sein, wenn er einer der beiden Parteien angehört. So sind 49 von 50 Gouverneuren in den Bundesstaaten entweder Republikaner oder Demokraten (Oldopp 2013, S. 113).

Die Parteien in den USA unterscheiden sich hinsichtlich der Mitgliedschaft, Struktur, Organisationsform, Programmatik und Funktion von Parteien in den europäischen Demokratien. Sie sind keine Mitgliederparteien, sondern eher Wählervereinigungen mit dem Ziel, ihre Kandidaten für die Besetzung von Wahlämtern auf Bundes-, einzelstaatlicher und lokaler Ebene zum Erfolg zu verhelfen. Ihre Aktivitäten erstrecken sich dementsprechend auf die Nominierung von Kandidaten, die Führung von Wahlkämpfen und die Mobilisierung von Wählern. Sie verfügen nur über wenige fest angestellte Mitarbeiter und über wenig bezahltes Führungspersonal; in den Wahlkämpfen setzen sie hauptsächlich auf freiwillige Mitarbeiter; auf die Rekrutierung politischen Personals nehmen sie nur geringen Einfluss.

Bei der Politikgestaltung auf der nationalen Ebene spielen die Parteien kaum eine Rolle. In der Bundesverfassung werden sie, im Unterschied zu den deutschen Parteien, denen durch Art. 21 GG eine Mitwirkung bei der politischen Willensbildung des Volkes garantiert wird, nicht erwähnt. Wohl aber regeln Verfassungen und Statuten der Einzelstaaten die Organisationsform der Parteien und die Bedingungen ihrer Aktivitäten.

Der föderative Staatsaufbau bringt es mit sich, dass der Schwerpunkt des Parteilebens bei den einzelstaatlichen und lokalen Parteiorganisationen liegt. Die nationalen Parteiorgane haben kaum einen Einfluss auf deren Aktivitäten. Die parteipolitische Macht wird von einzelstaatlichen und lokalen Parteiführern, insbesondere den Gouverneuren und den Vorsitzenden von Bezirks- und Stadtparteikomitees ausgeübt. Kongressmitglieder sind, um gewählt und wiedergewählt zu werden, auf die Unterstützung der einzelstaatlichen und lokalen Parteiorganisationen angewiesen, was allerdings nicht ausschließt, dass ein Präsident gelegentlich in Wahlkämpfe eingreift, um einem Kandidaten zum Sieg zu verhelfen, der nicht die Unterstützung des „Parteiestablishments" genießt.

An der Spitze der Organisationsstruktur jeder Partei steht das Nationalkomitee, dessen Funktion im Wesentlichen in der Vorbereitung und Durchführung der Parteikonvente besteht, auf denen die Präsidentschafts- und Vizepräsidentschaftskandidaten nominiert werden. Der vom Präsidentschaftskandidaten ernannte nationale Parteivorsitzende agiert als offizieller Sprecher der Partei und als Wahlkampfmanager (Oldopp 2013, S. 113 ff.; Merkl/Raabe 1977, S. 89 ff.). *„Der eigentliche Führer der Partei ist ausnahmslos der erfolgreiche Präsidentschaftskandidat"* (Merkl/Raabe 1977, S. 90).

Republikaner

Die Gründung der Republikanischen Partei 1854 geht auf Abraham Lincoln und anderen Gegnern der Sklaverei zurück. Nachdem

Lincoln 1860 zum ersten republikanischen Präsidenten gewählt worden war, gelang es den Republikanern 1865 gegen die Stimmen der Demokraten, die Sklaverei auf dem Gebiet der gesamten Vereinigten Staaten abzuschaffen. Die Republikanische Partei, die sich auch Grand Old Party (GOP) nennt, hat bisher 19 der 45 amerikanischen Präsidenten gestellt. 55 Millionen Amerikaner haben sich als republikanische Wähler registrieren lassen.

Die Republikaner sind die konservative Kraft. Im Unterschied zu den Demokraten sind sie gegen Zentralismus, gegen einen starken Staat und setzen sich für mehr Kompetenzen der Bundesstaaten ein. Umfassende Sozialprogramme des Bundes lehnen sie ab. Dafür machen sie sich stark für mehr Freiheiten für die Wirtschaft und mehr Selbstverantwortung des Einzelnen. Umweltschutz hat bei ihnen keine Priorität, weil entsprechende Maßnahmen ihrer Meinung nach den Interessen der Wirtschaft zuwiderlaufen. Weitere Themen, von denen sie sich von den Demokraten unterscheiden, sind Steuersenkungen, Staatsverschuldung, finanzielle Hilfe für gesellschaftliche Minderheiten oder Arbeitsbeschaffungsprogramme. Nach den Anschlägen vom 11. September 2001 ist die nationale Sicherheit zu einem der Hauptthemen republikanischer Politik geworden. So sprechen sie sich u. a. für eine Ausweitung der Kompetenzen der Geheimdienste aus – das Heimatschutzministerium ist während der Präsidentschaft des Republikaners George W. Busch geschaffen worden.

Demokraten

Seit der Präsidentschaft Franklin D. Roosevelts (1933-1945) haben die Demokraten den Ruf, sich für die Rechte der wirtschaftlich Schwachen, der Bedürftigen und für soziale Sicherheit einzusetzen. Daher sind sie Anhänger eines starken Staates und für eine Reglementierung der Wirtschaft. Sie setzen sich für das Recht auf Abtreibung und für die Gleichberechtigung aller Bevölkerungsgruppen ein. Soziale Reformen, wie zuletzt die umstrittene Einführung eines flächendeckenden Systems der Krankenversicherung unter Präsident Obama (Obama-Care), wurden zu ihrem Markenzeichen. Insbesondere unter der Präsidentschaft Obamas engagierten sich die Demokraten auch für einen stärkeren Umwelt- und Klimaschutz.

Von den bisher 45 US-Präsidenten stellten die Demokraten 15, darunter unter anderem mit Barack Obama den ersten farbigen Präsidenten der USA. Von den 13 Nachkriegspräsidenten konnten die Demokraten sechs stellen (siehe Tab. 3.1). Von den amerikanischen Wahlberechtigten haben sich 72 Millionen als Wähler der Demokratischen Partei registrieren lassen.

Drittparteien und unabhängige Kandidaten

Als Drittpartei (third party) kann eine Partei bezeichnet werden, *„die aus einer in der Gesellschaft verankerten Protestbewegung hervorgeht, die als Organisation und als Wählerkoalition Anhänger der beiden großen Parteien sowie bislang parteiunabhängige anzieht und bei einer bundes- oder landesweiten Wahl so viele Wähler zugewinnen vermag, daß dadurch der Wahlausgang beeinflußt wird"* (Lösche 2007, S. 318). In der Geschichte der USA entstanden etliche Male Splitterparteien als Sammelbecken von mit den Kandidaten und Programmen der etablierten Parteien unzufriedenen Bürgern. Eine Partei, die einen prominenten Politiker als Alternative zu deren Präsidentschaftskandidaten aufstellte, war z. B. die ultrakonservative American Independent Party, die 1968 George Wallace auf den Schild hob, der 13,5 Prozent aller Stimmen auf sich vereinigen konnte (Merkl/Raabe 1977, S. 82).

Im Jahre 2009 bildete sich am rechten Rand der Republikanischen Partei mit der sogenannten Tea Party eine erzkonservative Bewegung, deren Anhänger von den Republikanern eine totale Obstruktion der Politik Präsident Obamas (Bankenrettung, Konjunkturpakete) forderten. Sie wandten sich ganz allgemein gegen das Washingtoner Establishment und speziell gegen das Schuldenmachen, zu hohe Steuern und die Umverteilung von Geld. Diverse Reformen von Präsident Obama, insbesondere die Krankenversicherung, haben sie vehement bekämpft. Trump hat ihre Forderungen aufgegriffen, womit sie obsolet geworden sind.

Immer wieder traten unabhängige Kandidaten auf, die sich dem Parteiestablishment entgegenstellten und/oder Interessen vertraten, die in den Programmen der Demokraten und Republikaner unberücksichtigt geblieben waren. Zu ihnen zählt der Milliardär Ross Perot, der sich 1992 und 1996 mit seiner Kritik am hohen Haushaltsdefizit der USA um das Präsidentenamt bewarb und 1992 18 Prozent der Stimmen errang. Im Jahr 2000 brachte die Kandidatur des Verbraucherschutzanwalts Ralph Nader mit hoher Wahrscheinlichkeit den Demokraten Al Gore um den Sieg im Präsidentschaftswahlkampf gegen Georg W. Bush (Oldopp 2013, S. 119 f.).

Um einer Spaltung und Stimmenverlusten vorzubeugen, zeigen sich etablierte Parteien und deren Kandidaten zu Konzessionen bereit. Im Präsidentschaftswahlkampf 2016 erwuchs Hillary Clinton und dem durch sie verkörperten Establishment der Demokratischen Partei eine innerparteiliche Konkurrenz in der Person von Bernie Sanders. Dieser warb für ein radikales linkes Programm, mit dem er in den Vorwahlen eine nicht unbeträchtliche Zahl an Delegierten für den Nominierungsparteitag der Demokraten gewann. Clinton sah sich gezwungen, einige Forderungen Sanders in ihr Wahlprogramm zu integrieren, um die Präsidentschaftskandidatur der Demokraten gegen Sanders zu gewinnen.

Nicht selten war die Haltung zu zentralen innen- und außenpolitischen Fragen innerhalb der Parteien heftiger umstritten als zwischen den Parteien mit der Folge, dass nicht die Parteizugehörigkeit eines Präsidentschaftskandidaten, sondern seine Persönlichkeit den Wahlausgang bestimmte. Das zeigte sich jüngst daran, dass

Donald Trump in den Vorwahlen eher als Außenseiter anstatt als „Republikaner" wahrgenommen und erst auf dem Parteikonvent der Republikanischen Partei als deren Präsidentschaftskandidat präsentiert wurde und als solcher die Wahl gewann.

3.2.7 Varianten: Mexiko, Südkorea

Weitgehend nach der Verfassung der USA gestaltet, aber auch den spezifischen geschichtlichen Erfahrungen Rechnung tragend, ist das präsidentielle Regierungssystem *Mexikos*. Die mit der Verfassung von 1917 getroffene Entscheidung für einen starken Staatspräsidenten hat, zum einen, ihre Wurzeln im Vizekönig, dem Vertreter der spanischen Krone, in dem alle Staatsgewalt konzentriert war; zum anderen in den Caudillos[47], die nach der Abschüttlung der Kolonialherrschaft zeitweise herrschten, in den Bürgerkriegen nach 1913 einander bekämpften und bis 1946 die Präsidenten stellten.

Die Etablierung eines starken Präsidentenamtes ist, um einer Verfestigung der Macht im vom Volk auf sechs Jahre gewählten Amtsinhaber vorzubeugen, eng verknüpft mit dem Verbot einer unmittelbar folgenden und auch späteren Wiederwahl. Damit zogen die Verfassungsgeber die Konsequenz aus der von 1877-1880 und 1884-1911 währenden autoritären Herrschaft des Präsidenten Porfirio Díaz.[48] Dieses Verbot gilt auch für Personen, die das Amt des Präsidenten interimistisch, provisorisch oder ersatzweise innegehabt haben. Den Mitgliedern der Abgeordnetenkammer und des Senats (der Vertretung der Bundesstaaten) ist die konsekutive

---

47 Caudillo ist die aus den lateinamerikanischen Unabhängigkeitskriegen überkommene Bezeichnung für einen mit charismatischen Eigenschaften ausgestatteten politischen und militärischen Führer.
48 Der mit dem Ruf nach „no reelección" geführte Aufstand zwang Díaz zur Abdankung.

Wiederwahl im Unterschied zu den USA untersagt. Abgeordnetenmandat und Regierungsamt sind nach amerikanischem Vorbild inkompatibel (Hartmann 2017, S. 271).

Art. 80 der Verfassung von 1917 (in der Fassung von 2015)[49] erklärt den Präsidenten zum alleinigen Inhaber der obersten Exekutivgewalt. Er ernennt die als *secretarios* bezeichneten Mitglieder seines Kabinetts nach eigenem Ermessen; die Zustimmung des Senats zur Ernennung, wie in den USA, benötigt er nicht. Dessen Zustimmung bedarf die Ernennung von Diplomaten, hohen Offizieren und hohen Beamten des Finanzministeriums sowie des Generalstaatsanwalts. Die Richter am obersten Gerichtshof werden vom Senat auf der Grundlage einer vom Präsidenten vorgelegten Kandidatenliste oder, falls der Senat auch dessen zweite Liste nicht akzeptiert, vom Präsidenten ernannt.

Neben der geschlossenen Exekutive in Gestalt einer Personalunion von Präsident und Regierungschef erfüllt Mexiko auch das für Steffani primäre Klassifikationsmerkmal eines präsidentiellen Systems, die Nichtabberufbarkeit der Regierung durch das Parlament. So kann der aus Abgeordnetenhaus und Senat bestehende Kongress den Präsidenten nicht abberufen, umgekehrt der Präsident den Kongress nicht auflösen.

Der Präsident leitet die Außenpolitik, über die er und der zuständige Sekretär dem Kongress alljährlich Bericht zu erstatten haben, schließt und kündigt internationale Verträge, die er dem Senat zur Billigung vorlegen muss, hat den Oberbefehl über die Streitkräfte – Auslandseinsätzen muss der Senat zustimmen – und über die Nationalgarde inne, und erklärt den Krieg im Namen

---

49 Eine englischsprachige Fassung findet sich unter: https://www.constituteproject.org/constitution/Mexico_2015.pdf?lang=en, 25.07.2017.

der Vereinigten Mexikanischen Staaten.[50] Im Falle einer Invasion und einer schweren Störung der öffentlichen Ordnung kann der Präsident mit Zustimmung des Kongresses unter Suspendierung der Grundrechte den – zeitlich begrenzten – Notstand ausrufen.

Der Präsident hat das Recht zur Initiierung von Gesetzen und Dekreten – Entwürfe kann er im Unterschied zum US-Präsidenten direkt, d. h. ohne Einschaltung eines seiner Partei zugehörigen Mitglieds des Kongresses, einbringen. Von der Legislative verabschiedete Gesetze müssen der Exekutive zur Stellungnahme zugeleitet werden. Ein präsidentielles Veto gegen das ganze Gesetz oder Teile desselben kann mit Zweidrittelmehrheit in jeder der beiden Kammern – analog zu den USA – zurückgewiesen werden.

Dekrete und Anordnungen des Präsidenten bedürfen der Gegenzeichnung durch den sachlich zuständigen Sekretär, wodurch jedoch die rechtliche und politische Verantwortung nicht auf diesen übergeht. Die Sekretäre sind gehalten (hierin ist ein Merkmal des Parlamentarismus zu sehen), dem Kongress über die Tätigkeit ihrer Ressorts zu berichten; jede Kammer kann von ihnen, dem Generalstaatsanwalt und weiteren hohen Amtsträgern Informationen verlangen, wenn ein Gesetz debattiert wird, das ihren Amtsbereich berührt. Der Präsident ist verpflichtet, bei der Eröffnungssitzung einer neuen Sitzungsperiode des Kongresses anwesend zu sein und einen schriftlichen Bericht über die Lage der Administration vorzulegen.

Angeklagt werden kann der Präsident nur wegen Landesverrats und schwerer Straftaten. Wird er vom Senat mit Zweidrittelmehrheit der anwesenden Mitglieder für schuldig gesprochen, wird er seines Amtes enthoben.

---

50 Nur dieser Akt ist von völkerrechtlicher Relevanz; die Kriegserklärung durch den Kongress hat dagegen innenpolitische Bedeutung – vgl. Tena (1967, S. 360).

Das Amt des Vizepräsidenten, wie in den USA, gibt es nicht. Im Fall einer völligen Amtsunfähigkeit des Präsidenten während der ersten zwei Amtsjahre setzt der Kongress einen Interimspräsidenten ein und schreibt die Wahl eines Präsidenten aus, der die Amtsperiode zu Ende bringt. Tritt die Amtsunfähigkeit in den letzten vier Jahren ein, ernennt der Kongress einen Ersatzpräsidenten oder dessen Ständiger Ausschuss ernennt einen provisorischen Präsidenten und beruft eine außerordentliche Sitzung des Kongresses ein, auf der ein Ersatzpräsident gewählt wird. Bei vorübergehender, 30 Tage überschreitender Amtsunfähigkeit ernennt der Kongress einen geschäftsführenden Präsidenten.

Die Darstellung der Machtposition des mexikanischen Präsidenten an Hand der Verfassung wäre unvollständig ohne Berücksichtigung des Parteiensystems. Rund 70 Jahre, von 1929 bis 1997, war es geprägt von der unangefochtenen Hegemonie der Revolutionspartei, die sich 1946 den Namen Partido Revolucionario Institucional (PRI) gab. Sie stellte bis 2000 alle Präsidenten, die sich im Unterschied zum Präsidenten der USA, der mit einer oppositionellen Kongressmehrheit rechnen muss, auf eine zwar abnehmende, aber stets satte parlamentarische Mehrheit stützen konnten.[51]

Die PRI verstand sich stets als Instrument zur Sanktionierung präsidentieller Entscheidungen, was z. B. darin zum Ausdruck kam, dass die Regierungsvorlagen einstimmig oder mit großer Mehrheit im Abgeordnetenhaus verabschiedet wurden (Heisig 2015, S. 131). Erst 1997, zur Halbzeit einer präsidentiellen Amtsperiode, dem *sexenio*, verlor die PRI erstmals die Mehrheit in der alle drei Jahre zu wählenden Abgeordnetenkammer, errang sie 2000

---

51 Bei den Abgeordnetenwahlen stimmten 1961 bis 1982 durchschnittlich rund 78 Prozent der Wähler für die PRI: 1961 rund 90 Prozent, 1982 rund 65 Prozent. Siehe hierzu Furtak (1969, S. 65); Ders. (1984, S. 409). Zu den vielfältigen Wahlmanipulationen siehe Mols (1981, S. 329 ff.).

aber wieder, so dass der im selben Jahr zum Präsidenten gewählte Kandidat des oppositionellen Bündnisses Allianz für den Wandel ohne Mehrheit in der Abgeordnetenkammer war. Ebenso erging es einem Nachfolger, dem siegreichen Kandidaten der langjährigen Oppositionspartei Partido Acción Nacional (PAN), der damit auf die Zusammenarbeit mit der PRI angewiesen war. 2012 gewann wieder die PRI die Präsidentschaftswahlen und Wahlen zur Abgeordnetenkammer, in der sie 2015 allerdings die Mehrheit wieder einbüßte (Hartmann 2017, S. 369, 372).

Ob es bei Regierungen ohne parlamentarische Mehrheit zu einem politischen Stillstand kommt oder Exekutive und Legislative sich auf Kompromisslösungen verständigen und damit wechselseitige Blockaden vermeiden, mag offen sein (Heisig 2015, S. 134 f.). Politik mit wechselnden, identischen oder divergierenden präsidentiellen und parlamentarischen Mehrheiten würde die Performanz des mexikanischen Regierungssystems demjenigen der USA angleichen.

Südkorea hatte eine wechselvolle Geschichte seiner politischen Verfasstheit zurückgelegt, bevor mit der Verfassung der VI. Republik vom 29. Oktober 1987[52] ein demokratisches Regierungssystem etabliert wurde, das seit mehr als 30 Jahren Bestand hat und dem Land politische Stabilität gebracht hat. Vorausgegangen waren eine Militärregierung der USA (1945-1948), ein autokratisches präsidentielles Regime (1948-1960), ein demokratisches Zwischenspiel (1960-1961) und Militärdiktaturen (1961-1987).

Das Regierungssystem weist ein Kernmerkmal eines präsidentiellen Regierungssystems auf.[53] Die Nationalversammlung (das

---

52 Eine englischsprachige Fassung findet sich unter: https://www. constituteproject.org/constitution/Republic_of_Korea_1987. pdf?lang=en, 25.07.2017.

53 Auch für Köllner/Flamm/Olbrich (2015, S. 99) sowie Croissant (2013, S. 372) ist Südkorea präsidentiell verfasst.

Ein-Kammer-Parlament) kann vom Präsidenten nicht aufgelöst, der Präsident von der Nationalversammlung nicht abberufen werden. Er kann nicht aus politischen Gründen seines Amtes enthoben werden, sondern nur wegen Verstoßes gegen die Verfassung bei der Amtsausübung. Zur Amtsenthebung bedarf es eines in der Nationalversammlung eingebrachten Antrags, dem zwei Drittel der Abgeordneten zustimmen müssen. Dieses Votum muss nachfolgend durch ein Urteil des Verfassungsgerichts bestätigt werden (Art. 65, 111 Verfassung).[54]

Vom präsidentiellen System der USA weicht das koreanische jedoch insbesondere darin ab, dass es – der speziellen koreanischen Verfassungsgeschichte geschuldet – Bausteine eines parlamentarischen Systems aufweist, wie das Amt des Premierministers (Song 2010, S. 77; Park 2010, S. 36). Dieses für den Parlamentarismus charakteristische Merkmal wird allerdings insofern relativiert, als der Premier durch die Nationalversammlung nicht abberufen werden kann.

Wie der Vizepräsident in den USA unterstützt der Premierminister den Präsidenten und vertritt ihn, wenn dieser – aus welchem Grund auch immer – seine Amtspflichten nicht wahrzunehmen vermag (Art. 71, 86 II). Der Premierminister wird vom Präsidenten mit Zustimmung der Nationalversammlung ernannt; auf dessen Empfehlung ernennt und entlässt der Präsident die Minister. Regierungsamt und Parlamentsmandat sind inkompatibel. Auf Anweisung des Präsidenten übt der Premierminister die Aufsicht über die Ministerien aus (Art. 86 II; Croissant 2013, S. 373).

---

54 Im Dezember 2016 wurde erstmals seit Einführung der Demokratie Ende der 1980er Jahre eine Amtsenthebung mit der notwendigen Mehrheit in der Nationalversammlung beschlossen. Im März 2017 bestätigte das Verfassungsgericht einstimmig die Amtsenthebung von Präsidentin Park wegen Korruption.

Auch wenn es in der Verfassung nicht schriftlich fixiert ist – der Präsident verfügt über die Entlassungsbefugnis bezüglich des Premierministers (Park 2010, S. 36). Die Nationalversammlung kann die Entlassung des Premierministers – mit der Mehrheit ihrer Mitglieder – lediglich „empfehlen" (Art. 63 I); das Votum ist für den Präsidenten jedoch rechtlich unverbindlich (Song 2010, S. 78).

Der Präsident ist Staatsoberhaupt und steht an der Spitze der aus ihm, dem Premierminister und den Ministern bestehenden Exekutive (Art. 66 I, IV; Croissant 2013, S. 372). Er wird vom Volk für eine Amtszeit von fünf Jahren direkt gewählt; eine Wiederwahl – wie in den USA möglich – ist nicht zulässig.

Er repräsentiert den Staat nach außen, trägt die Verantwortung für die Unabhängigkeit und die territoriale Integrität des Staates und ist verpflichtet, die friedliche Vereinigung des Landes anzustreben (Art. 66). Er hat den Oberbefehl über die Streitkräfte inne. Zu seinen wichtigsten Kompetenzen gehören: Die Erklärung von Krieg und Frieden; der Abschluss internationaler Verträge; die Ansetzung einer Volksabstimmung; das Recht, eine außerordentliche Sitzung der Nationalversammlung zu verlangen; das Recht der Gesetzesinitiative; das Dekretrecht in Materien, deren Regelung ihm durch Gesetz übertragen worden ist; die Einbringung des Haushaltsgesetzes in die Nationalversammlung; die Verhängung des Kriegsrechts, worüber er die Nationalversammlung unverzüglich in Kenntnis zu setzen hat, und auf deren Verlangen er es aufheben muss; der Erlass von Notverordnungen mit Gesetzeskraft im Falle von Unruhen, äußerer Bedrohung, Naturkatastrophen sowie einer schweren Wirtschafts- und Finanzkrise. Hierzu benötigt er allerdings die Zustimmung der Nationalversammlung – versagt sie sie, treten die Notverordnungen nicht in Kraft.

Das als Staatsrat bezeichnete Kabinett, dem der Präsident, der Premierminister und 15 bis 30 weitere Mitglieder, darunter Minister, angehören, erörtert unter dem Vorsitz des Präsidenten wichtige in die Zuständigkeit der Exekutive fallende Fragen: U. a. Kriegserklärung und Friedensschluss, Gesetzesvorlagen, Haushalt, Ansetzung von Volksabstimmungen, Auflösung einer politischen Partei, Ernennung des Generalstaatsanwalts, des Generalstabchefs, von Botschaftern, Universitätspräsidenten, von Managern wichtiger Staatsunternehmen.

Als Beratungsorgane stehen dem Präsidenten zur Seite: Der Nationale Sicherheitsrat, der sich unter dessen Vorsitz mit Fragen der Außenpolitik sowie der inneren und äußeren Sicherheit befasst; der Ältestenrat mit dem Amtsvorgänger des Präsidenten als Vorsitzendem, der Rat für die friedliche Wiedervereinigung und der Nationale Wirtschaftsrat.

In den Gesetzgebungsprozess involviert ist der Präsident durch sein Recht, gegen ein von der Nationalversammlung beschlossenes Gesetz in toto, also nicht gegen einzelne Gesetzesteile, sein Veto einzulegen und eine neue Beratung zu verlangen. Die Nationalversammlung kann dem stattgeben oder aber das Veto mit einer Zweidrittelmehrheit ihrer Mitglieder zurückweisen, worauf der Präsident verpflichtet ist, das Gesetz zu verkünden (Art. 53).

Der Nationalversammlung steht das Recht zu, den Abschluss und die Ratifizierung von Verträgen über gegenseitige Hilfe oder gegenseitige Sicherheit, Freundschafts- und Handelsverträge, die Souveränität einschränkende Verträge, Friedensverträge und Verträge, die Staat und Volk finanziell stark belasten würden, zu billigen. Gleiches gilt für die Kriegserklärung, den Auslandeinsatz der Streitkräfte und die Stationierung fremder Truppen auf dem Staatsgebiet. Darüber hinaus verfügt die Nationalversammlung über das Interpellationsrecht: Verlangt es das Plenum oder ein Ausschuss, muss der Premierminister oder ein Minister Anfragen der Abgeordneten beantworten._

Bei durchschnittlich drei in der Nationalversammlung vertretenen Parteien weist Südkorea ein begrenzt und moderat pluralis-

3.2 Das Regierungssystem der USA

tisches Parteiensystem auf. Dessen prägende Merkmale sind die regionale Verwurzelung der Parteien und der geringe Grad an Institutionalisierung, was sich in häufigen Abspaltungen, Fusionen und Neugründungen niederschlägt, und der Faktionalismus infolge der Bindung politischer Loyalitäten an Personen (Croissant 2013, S. 391 ff.).

Die Chancen des Präsidenten, seine Politik durchzusetzen, hängen von der jeweiligen parteipolitischen Zusammensetzung der über 300 Sitze verfügenden Nationalversammlung ab. Gehören Parlamentsmehrheit und Präsident derselben Partei an, so sind diese Chancen weitaus größer, zumal Fraktionszwang herrscht, als dann, wenn diese Konstellation nicht vorliegt. Ist letzteres der Fall, so ist das Verhältnis zwischen Exekutive und Legislative – wie in den USA auch – durch wechselseitige Blockaden gekennzeichnet (ebd., S. 379). Am Beispiel des Gesetzgebungsverfahrens lässt sich ein Trend zur schwächeren Durchsetzungsfähigkeit der Exekutive feststellen und damit eine Verringerung der Dominanz der Exekutive gegenüber der Legislative, auch wenn sich der Präsident nach 2004 in zwei Wahlperioden auf eine parlamentarische Mehrheit in der Nationalversammlung stützen konnte (ebd., S. 380 f.).

Bei einem Vergleich der Regierungssysteme der USA, Mexikos und Südkoreas in Hinblick auf die Kompetenzen der Organe der Exekutive und der Legislative lässt sich zusammenfassend folgendes feststellen: Der mexikanische Präsident verfügt über eine größere Machtfülle als seine Amtskollegen in den USA und in Südkorea, was zum einen an den konstitutionellen Grundlagen, zum anderen am spezifischen politischen System und hier insbesondere am Parteiensystem in Mexiko liegt. Das für präsidentielle Systeme charakteristische Prinzip der checks and balances funktioniert in allen drei Ländern, auch wenn das Pendel in Mexiko und Südkorea in Richtung Exekutive ausschlägt. Die Gestaltungsmacht der Legislative ist vergleichsweise in den USA am stärksten, was sich mit der langen demokratischen Tradition des Landes und den zahlreichen Kontrollmöglichkeiten des Kongresses gegenüber dem Präsidenten erklären lässt.

3.3 Das semi-präsidentielle Regierungssystem Frankreichs

3.3.1 Konstitutive Merkmale

In der im Zuge der Französischen Revolution (1789-1799) am 3. September 1791 von der Nationalversammlung verabschiedeten Verfassung wurden Legislative und Exekutive strikt getrennt, der König (Ludwig XVI.) dem Gesetz untergeordnet und Frankreich damit von einer absolutistischen zu einer konstitutionellen Monarchie umgeformt. Mit der Ausrufung der Ersten Französischen Republik am 21. September 1792 wurde Ludwig XVI. offiziell entthront, sie währte bis 1804. Seitdem, bis 1958, erlebte Frankreich drei weitere Republiken (1848-1852, 1870-1940, 1947-1958), zwei Königreiche (1815-1830, 1830-1848) und zwei Kaiserreiche (1804-1815, 1852-1870). Hinzu kommen die Vichy-Regierung um Marschall Pétain von 1940-1944 und die provisorische Regierung von 1945-1947.

Die V. Republik wurde mit der am 4. Oktober 1958 in Kraft getretenen Verfassung (der 16. seit 1789) gegründet. Auslöser für die Verfassungsgebung war die Situation in Algerien. Im Mai 1958 revoltierten, unterstützt von dort stationierten Armee-Einheiten, französische Siedler, weil sie sich von der Regierung im Kampf gegen die algerischen Aufständischen mit dem Ziel des Erhalts Algeriens für Frankreich im Stich gelassen fühlten. In dieser Situation präsentierte sich General de Gaulle als überparteilicher Vermittler und erklärte sich bereit, die Regierung in Paris

3.3 Das Regierungssystem Frankreichs

zu übernehmen. Nachdem er am 1. Juni 1958 vom damaligen Staatspräsidenten Coty zum Ministerpräsidenten ernannt worden war, setzte er sich für eine Verfassungsrevision ein, über die das Volk abstimmen sollte. Im Referendum vom 28. September 1958 stimmte eine überwältigende Mehrheit von 79,25 Prozent für den von de Gaulle maßgeblich beeinflussten Verfassungstext, der die Funktionen des Staatsoberhaupts auf sein Staats- und Amtsverständnis zuschnitt. Am 21. Dezember 1958 wurde de Gaulle zum Staatspräsidenten gewählt, womit die Staatskrise überwunden war (Kempf 2017, S. 7 ff.).

Art. 1 der Verfassung benennt die Verfassungsprinzipien: *„Frankreich ist eine unteilbare, laizistische, demokratische und soziale Republik. Sie gewährleistet die Gleichheit aller Bürger vor dem Gesetz ohne Unterschied der Herkunft, Rasse oder Religion. Sie achtet jeden Glauben. Sie ist dezentral organisiert."* Im Unterschied z. B. zum Grundgesetz der Bundesrepublik Deutschland oder zur amerikanischen Verfassung fehlt es in der französischen Verfassung an einem Grundrechtekatalog. Stattdessen wird in der Präambel auf die Menschenrechtserklärung von 1789 (Freiheit, Gleichheit, Brüderlichkeit) und auf Grundrechtsgarantien der Verfassung der IV. Republik Bezug genommen. Nach Art. 2 lautet ein Grundsatz der Republik: *„Regierung des Volkes durch das Volk und für das Volk."* Art. 3 sieht vor, dass die Staatsgewalt vom Volk indirekt, durch seine gewählten Vertreter, und direkt, durch Volksentscheid, ausgeübt wird.

Bereits die Gliederung der Verfassung macht die Rangordnung der Staatsorgane deutlich: Unter den die Staatsgewalt ausübenden Organe wird der Präsident (Art. 5-19) an erster Stelle aufgeführt; es folgen Regierung (Art. 20-23) und das aus Nationalversammlung und Senat bestehende Parlament (Art. 24-33). Die in der Verfassung verankerte starke Stellung des Präsidenten, mit der ein semi-präsidentielles Regierungssystem begründet wurde, war von de Gaulle bewusst so vorgesehen, um die die Geschichte der III. und IV. Republik prägenden andauernden Koalitionskrisen und Kabinettswechsel zu vermeiden. De Gaulles sah das Staatsoberhaupt in der Rolle des überparteilichen und interessensneutralen Stabilitätsankers der Republik und füllte dieses Amt von 1959 bis 1969 dementsprechend aus (Kempf 2017, S. 23 f.).

Der Kongress (Zusammenkunft von Nationalversammlung und Senat) setzte am 21. Juli 2008 eine umfassende Verfassungsreform (die 24. Änderung der Verfassung von 1958) in Kraft, die eine leichte Einschränkung der weitreichenden Kompetenzen des Präsidenten und eine geringfügige Aufwertung der Rolle des Parlaments vorsah. Sie bildet den Rahmen für die Darstellung des gegenwärtigen französischen Regierungssystems, insbesondere des Zusammenspiels von Präsident, Regierung und Parlament.[55]

3.3.2 Staatsaufbau

Hinsichtlich der Staatsform handelt sich bei Frankreich um eine Republik (das Staatsoberhaupt wird auf Zeit gewählt) sowie um einen im Prozess einer zunehmenden Dezentralisierung befindenden Einheitsstaat. Diese Formulierung soll deutlich machen, dass Frankreich ein Staat war, in dem alle politischen Angelegenheiten von Paris aus gesteuert wurden, und zwischen den Ministerien und den Gemeinden nur die Departements geschaltet waren (Hartmann/Kempf 2011, S. 179), seit 1972 indes die Dezentralisierung des Staates vorangetrieben wird. Damals wurden 22 Regionen geschaffen; zunächst als bloße Verwaltungseinheiten eingerichtet,

---

55 Eine deutsche Fassung findet sich unter: http://www.conseil-constitutionnel.fr/conseil-constitutionnel/root/bank_mm/allemand/constitution_allemand_avril2009.pdf, 25.07.2017.

3.3 Das Regierungssystem Frankreichs

erhielten sie 1982, was die Gemeinden und Departements schon hatten, den Status selbständiger Gebietskörperschaften. 2003 wurden sie und ihre Kompetenzen in der Verfassung verankert (Art. 72). Auf Initiative von Präsident Hollande wurde 2014 eine Territorialreform auf den Weg gebracht, die auch als 3. Phase der Dezentralisierung nach 1982 und 2003 bezeichnet wird. 2016 trat sie in Kraft. Sie sah die Reduzierung der Zahl der Regionen auf 13 vor, um ihre Leistungs- und Wettbewerbsfähigkeit zu verbessern, eine Stärkung der Kommunen und Kommunalverbände sowie die Schaffung von zehn Metropolregionen (Grillmayer 2016, S. 18 ff.).[56] Gegenwärtig gibt es somit außer den 13 Regionen im Mutterland vier in Übersee, 96 Departements (plus 5 in Übersee) sowie 36.664 Gemeinden (plus 223 in Übersee).

Die Regionen haben Parlamente und in Gestalt von gewählten Regionalräten eine Regierung mit dem Regionalratspräsidenten an der Spitze.[57] Durch die Reform haben die Regionen an Kompetenzen hinzugewonnen und besitzen nunmehr die alleinige Zuständigkeit u. a. für Wirtschaftsförderung, Fortbildung und Beschäftigung, Bildung (Gesamtschulen und Gymnasien), Infrastruktur und Verkehr (regionaler Nahverkehr, Straßen, Flughäfen und Häfen). Darüber hinaus können sie selbständig über die Verwendung von EU-Fördermitteln entscheiden (Kempf 2017, S. 301 ff.). Den auf ihrem Territorium befindlichen Departements und den Gemeinden gegenüber sind die Regionen nicht weisungsbefugt (Hoffmann-Martinot 2012, S. 92 f.).

---

56 Eine Diskussion der Territorialreform findet sich bei Halmes (2016).

57 In den neu zugeschnittenen 13 Regionen wurden im Dezember 2015 die Regionalräte neu gewählt. Nachdem der Front National noch im 1. Wahlgang mit rund 27 Prozent der Stimmen stärkste Kraft war und in sechs Regionen vorne lag, gewannen nach dem 2. Wahlgang die konservativen Republikaner sieben, die Sozialisten sechs Regionen. Der FN ging leer aus.

Die Departements zählten zu den großen Gewinnern der Dezentralisierungsreform von 1982, weil ihnen eine Vielzahl neuer Aufgaben und Kompetenzen übertragen worden waren. War vor der Reform der von der Zentralregierung eingesetzte Präfekt die allein bestimmende Figur, ist heute der Präsident des einen deutschen Kreistags vergleichbaren Generalrates, der aus auf sechs Jahre gewählten Generalräten besteht, das zentrale Organ. Der Präsident ist Chef des Departements, erstellt dessen Budget und führt die Beschlüsse des Generalrates aus. Im Rahmen der Territorialreform hatte Präsident Holland ursprünglich die Absicht, die Departements als Gebietskörperschaften abzuschaffen und zu bloßen Verwaltungseinheiten des Staates unter Leitung des Präfekten zu degradieren. Er konnte sich allerdings nicht durchsetzen, die Departements blieben erhalten und sind gegenwärtig zuständig für z. B. Sozialhilfe, Schultransport, Bibliotheken, Museen, Bau und Unterhaltung von Nationalstraßen und Umweltschutz.

Die Gemeinden sind u. a. für folgende Bereiche originär zuständig: Bau und Unterhalt von Vor- und Grundschulen, Müllbeseitigung und Feuerwehrwesen, Sporteinrichtungen, Aufstellung von Flächennutzungsplänen und Bebauungsplänen, sozialer Wohnungsbau und Gemeindestraßen. Standen Beschlüsse des Gemeinderates noch vor der Verfassungsreform 1982 unter dem Vorbehalt staatlicher Aufsicht, die durch den Präfekten des Departements wahrgenommen wurde, bedürfen die Entscheidungen des Kommunalparlaments nunmehr keiner Genehmigung. Durch die Territorialreform sollten die Gemeinden schlagkräftiger gemacht werden vor dem Hintergrund, dass 86 Prozent von ihnen weniger als 2000 Einwohner haben. Da Eingemeindungen politisch nicht durchzusetzen waren und die Gemeinden auch zu freiwilligen Fusionen kaum zu bewegen waren, wurden die Rahmenbedingungen für die Gründung von interkommunalen Verbänden verbessert, so dass es für Gemeinden attraktiver werden soll, z. B.

die Abfallentsorgung und den öffentlicher Nahverkehr gemeinsam zu betreiben (Grillmayer 2016, S. 18 f.).

Ob man Frankreich in Anbetracht der zurückliegenden Dezentralisierungsmaßnahmen bereits heute schon als dezentralisierten Einheitsstaat bezeichnen kann, mag dahingestellt bleiben. In Art. 1 der Verfassung heißt es jedenfalls diesbezüglich: *„Ihre* (der Republik) *Organisation ist dezentral".*

3.3.3 Präsident

Der Staatspräsident (Amtssitz: Elysée-Palast) wird direkt vom Volk auf fünf Jahre gewählt; eine einmalige Wiederwahl ist zulässig (Art. 6 Verfassung). Jeder französische Staatsbürger, der mindestens 18 Jahre alt ist, kann sich um das Amt des Staatspräsidenten bewerben. Erreicht kein Kandidat im ersten Wahlgang die absolute Mehrheit, so findet 14 Tage später ein zweiter Wahlgang statt, für den sich nur die beiden Kandidaten zur Wahl stellen dürfen, die im ersten Wahlgang die meisten Stimmen auf sich vereinigen konnten (Art. 7).

Die Verfassung hat den Präsidenten mit beträchtlichen Machtbefugnissen ausgestattet, damit er die ihm zugedachte Rolle eines unparteiischen Schiedsrichters (arbitre) ausfüllen und die Einheit und Unabhängigkeit des Landes sowie die Funktionsfähigkeit der staatlichen Organe sicherstellen kann. In Art. 5 heißt es: *„Der Präsident der Republik wacht über die Einhaltung der Verfassung. Er gewährleistet durch seinen Schiedsspruch die ordnungsgemäße Tätigkeit der Verfassungsorgane sowie die Kontinuität des Staates. Er ist der Garant der nationalen Unabhängigkeit, der Integrität des Staatsgebietes und der Einhaltung der völkerrechtlichen Verträge."*

Bei den Befugnissen des Präsidenten ist zu unterscheiden zwischen solchen, die er selbst wahrnehmen kann (sogenannten Prärogativen) und solchen, die er gemeinsam mit der Regierung ausübt. Zu seinem alleinigen Verantwortungsbereich zählen die Ernennung des Premierministers und dessen Entlassung, die Auflösung der Nationalversammlung, die Anberaumung eines Volkentscheids, die Anwendung des Notstandsartikels sowie die Ernennung von drei der neun Verfassungsrichter.

Andere Amtshandlungen des Präsidenten bedürfen der Mitwirkung bzw. der Zustimmung des Premierministers oder der Regierung. Hierzu gehören die Übersendung eines bereits beschlossenen Gesetzes zur erneuten Beratung in die Nationalversammlung, die Einberufung des Parlaments zu Sondersitzungen, die Initiative zur Änderung der Verfassung sowie die Ernennung und Entlassung der ihm vom Premierminister vorgeschlagenen Minister und Staatssekretäre sowie anderer hoher Beamte.

Die starke Stellung des Staatspräsidenten manifestiert sich ferner in seinen Kontakten zum Parlament und zum Verfassungsrat. So kann er Botschaften an das Parlament richten, vor dem als Kongress einberufenen Parlament das Wort ergreifen, sich an den Verfassungsrat wenden und die Begutachtung eines internationalen Vertrages beantragen und Gesetze vor der Verkündung an den Verfassungsrat zur Prüfung ihrer Verfassungsmäßigkeit überweisen (Kempf 2017, S. 57). Darüber hinaus hat er den Vorsitz im Ministerrat, im Verteidigungsrat und in weiteren Gremien.

Für die Amtsausübung des Präsidenten ist die Bestellung des Premierministers von großer Bedeutung. Gemäß Art. 8 der Verfassung ernennt er den Premierminister; bei seiner Entscheidung ist er zwar formal unabhängig, in der Praxis trägt er jedoch den Mehrheitsverhältnissen in der Nationalversammlung Rechnung und bestellt einen Politiker der Mehrheitspartei.

Eines der weitreichendsten Befugnisse des Präsidenten und ein wichtiges Kriterium für die Bezeichnung des französischen Regierungssystems als semi-präsidentiell ist sein Recht, die Nationalversammlung aufzulösen. Hierfür benötigt er nicht die

Zustimmung des Premierministers; es reicht, wenn er sich mit dem Regierungschef und den Präsidenten der beiden Parlamentskammern diesbezüglich vorab beraten hat. Um das Auflösungsrecht zumindest ein Stück weit einzuschränken, sieht die Verfassung vor, dass in dem Jahr, das auf eine vorgezogene Wahl folgt, keine erneute Auflösung vorgenommen werden darf. Das Vorrecht zur Auflösung der Nationalversammlung wurde in der V. Republik von den Präsidenten fünf Mal wahrgenommen (Kempf 2017, S. 49).

Eine außerordentliche Machtbefugnis, wenn auch nur temporär, besitzt der Staatspräsident im Falle des Notstands („l'état d'urgence"). Art. 16 der Verfassung sieht vor: *„Wenn die Institutionen der Republik, die Unabhängigkeit der Nation, die Integrität ihres Staatsgebietes oder die Erfüllung ihrer internationalen Verpflichtungen ernsthaft und unmittelbar bedroht sind und gleichzeitig die ordnungsgemäße Arbeit der Verfassungsorgane unterbrochen ist, ergreift der Präsident der Republik (…) die unter diesen Umständen erforderlichen Maßnahmen."* Zur Anwendung kam dieser Notstandsartikel aufgrund der am 13. November 2015 in Paris verübten Terroranschläge. Präsident Hollande ordnete in Folge des verhängten Ausnahmezustands u. a. Hausdurchsuchungen ohne richterliche Genehmigung sowie eine Einschränkung der Versammlungsfreiheit an.[58]

---

58 Der Ausnahmezustand wurde alle sechs Monate verlängert. (Gleichwohl konnte der Terroranschlag in Nizza im Juli 2016 nicht verhindert werden.) Im Oktober 2017 wurde ein neues Antiterror-Gesetz verabschiedet, dass zum 01. November 2017 den permanenten Ausnahmezustand ablöste, wobei zahlreiche Ausnahmeregelungen nur leicht oder gar nicht verändert in das neue Gesetz übernommen und die Rechte von Polizei und Geheimdiensten gegenüber der Justiz ausgeweitet wurden.

Nicht zu unterschätzen ist der Einfluss des Präsidenten auf den Verfassungsrat[59], der außer Wahlprüfungs- und Schlichtungs-Funktionen (im Streit um Zuständigkeiten in der Gesetzgebung) die Aufgaben eines Verfassungsgerichts wahrnimmt. So ernennt er, wie erwähnt, ein Drittel seiner Mitglieder sowie seinen Vorsitzenden. Das Gericht besitzt ähnlich wie das deutsche Bundesverfassungsgericht die Möglichkeit zur formalen und materiellen Normenkontrolle, weshalb vom Verfassungsrat für nicht verfassungskonform erklärte Gesetze gescheitert sind. In den letzten Jahrzehnten wird der Rat vermehrt als Kontrollinstrument der jeweiligen Opposition gegenüber der Regierung genutzt – aber auch als zusätzliches Sanktionsmittel des Staatspräsidenten gegen missliebige Gesetzesvorhaben einer Kohabitations-Regierung (Abromeit/Stoiber 2006, S. 105).

Will sich der Präsident während seiner Amtsperiode des Rückhalts in der Bevölkerung versichern, kann er auf das Instrument des Referendums zurückgreifen. Art. 11 der Verfassung gibt ihm die Möglichkeit, jeden Gesetzesentwurf, der die Organisation der Staatsorgane und Reformen der Wirtschafts- oder Sozialpolitik betrifft sowie auf die Ratifizierung eines internationalen Vertrages abzielt, zum Volksentscheid zu bringen. Hierzu benötigt er einen Vorschlag der Regierung oder einen gemeinsamen Vorschlag beider Parlamentskammern. In der Geschichte der V. Republik fanden neun Referenden statt, drei davon zu Europa-Themen. Die einzige Niederlage, die ein Präsident bei einem Volksentscheid bislang hat hinnehmen müssen, war ein Referendum zu Europa. 2005 ließ Jaques Chirac das Volk über den Europäischen Verfassungsvertrag abstimmen, rund 55 Prozent sprachen sich gegen ihn aus. Ein

---

59 Auf den Staatsrat, der zum einen Beratungsorgan der Regierung ist, zum anderen die Aufgaben eines obersten Verwaltungsgerichts wahrnimmt, wird nicht eingegangen.

3.3 Das Regierungssystem Frankreichs

negativer Ausgang eines Referendums hat indes weder für den Präsidenten noch für die Regierung eine Konsequenz, wie etwa einen Amtsverzicht.

Ein weiteres Instrument des Präsidenten zur Einflussnahme auf das Staatsgeschehen und die Staatsorgane ist eine Initiative zur Änderung der Verfassung, die ihm sowie den Mitgliedern des Parlaments zusteht (Art. 89). Er ist diesbezüglich jedoch eingeschränkt, weil er eines entsprechenden Vorschlags des Premierministers bedarf. Zuletzt hat Nicolas Sarkozy mit der 2008 in Kraft getretenen Verfassungsreform dieses Instrument genutzt. Für eine Verfassungsänderung bedarf es der Zustimmung von drei Fünfteln des als Kongress versammelten Parlaments oder aber eines Volksentscheids.

Die genannten Befugnisse des Präsidenten finden eine Ergänzung in der sogenannten „Domaine reservée" (Art. 5). Hierbei handelt es sich um die ihm vorbehaltene Zuständigkeit im gesamten Bereich der Außen- und Verteidigungspolitik. Er führt die Verhandlungen über die völkerrechtlichen Verträge und unterzeichnet sie, hat den Oberbefehl über die Streitkräfte und führt den Vorsitz in den obersten Verteidigungsgremien. Aufgrund eines Dekrets des Ministerrates vom 14. Januar 1964 entscheidet alleine der Staatspräsident über den Einsatz von Nuklearwaffen (Kempf 2017, S. 58).

Die Entscheidung über den Einsatz der Streitkräfte im Ausland wird nach der Verfassung zwar von der Regierung getroffen, in der Praxis ist es jedoch der Präsident, der den Einsatzbefehl gibt. Die Regierung muss allerdings spätestens nach drei Tagen das Parlament über einen Truppeneinsatz informieren. Für den Fall, dass der Einsatz die Dauer von vier Monaten überschreitet, muss er vom Parlament genehmigt werden. Entscheidungen im Bereich der nationalen Verteidigungspolitik werden vom Nationalen Verteidigungs- und Sicherheitsrat getroffen, der unter dem Vorsitz des Staatspräsidenten tagt. Ihm gehören ferner an: der Premierminister, die Minister für Inneres, Äußeres, Verteidigung und Finanzen, der Generalstabschef, die Stabchefs der Teilstreitkräfte sowie der Generalsekretär für nationale Sicherheit.

Die tatsächliche Stärke des Präsidenten im politischen Alltag jenseits seiner verfassungsrechtlichen Stellung hängt letztlich maßgeblich davon ab, ob Präsident und Premierminister der gleichen Partei bzw. dem gleichen politischen „Lager" oder aber unterschiedlichen Parteien bzw. unterschiedlichen „Lagern" angehören. Im ersten Fall ist der Präsident, gestützt auf eine Mehrheit „seiner" Partei in der Nationalversammlung, der „wahre" Chef der Exekutive. Die Rolle der Regierung bzw. des Premiers ist auf die eines Ausführungsorgans seiner Entscheidungen reduziert. Im zweiten Fall, der sogenannten Kohabitation, ist der aus der Mehrheit der Nationalversammlung hervorgegangene Premier die starke Figur in der französischen Politik. In der Konstellation einer Kohabitation zieht sich der Präsident auf seine „Domaine reservée", also die Außen- und Verteidigungspolitik, zurück. Eine zentrale politische Mitwirkung in der Innen-, Kultur-, Wirtschafts-, Finanz- und Sozialpolitik, in denen Entscheidungen durch Gesetz (Parlament) oder Verordnung (Premierminister) getroffen werden, ist dem Präsidenten dann weitestgehend versagt (Kimmel 2012, S. 80). Das bedeutet aber nicht, dass er auf die Rolle des bloßen Repräsentanten und obersten Staatsnotars beschränkt ist und überhaupt keinen Einfluss mehr auf das Staatsgeschehen nehmen kann (Kempf 2017, S. 41).

Wie Tabelle 3.5 zeigt, gab es lediglich zwischen 1986-1988, 1993-1995 und 1997-2002 Phasen einer Kohabitation, so dass der Präsident bis auf wenige Phasen in der Geschichte der V. Republik die entscheidende Machtinstanz im Staat war. Er kann faktisch kaum zur Verantwortung gezogen werden. Eine Amtsenthebung kommt nur in Betracht *„im Falle einer Pflichtverletzung, die offensichtlich unvereinbar mit der Ausübung seines Amtes ist"* (Art. 68). Das Parlament, das als Hoher Gerichtshof tagt, entscheidet über eine Amtsenthebung mit Zweidrittelmehrheit in beiden Kammern.

3.3 Das Regierungssystem Frankreichs

Tab. 3.5 Staatspräsidenten und Premierminister der V. Republik

Präsident (Partei)	Amtszeit	Premierminister (Partei)	Amtszeit
Charles de Gaulle (parteilos)	1959–1969	Michel Debré (UNR)*	1959–1962
		George Pompidou (UNR)	1962–1968
		Maurice C. de Murville (UDR)	1968–1969
George Pompidou (UNR)	1969–1974	Jaques Chaban-Delmas (UDR)	1969–1972
		Pierre Messmer (UDR)	1972–1974
Valéry Giscard d'Éstaing (UDF)**	1974–1981	Jacques Chirac (RPR)	1974–1976
		Raymond Barre (parteilos)	1976–1981
François Mitterand (PS)***	1981–1995	Pierre Mauroy (PS)	1981–1984
		Laurent Fabius (PS)	1984–1986
		Jacques Chirac (RPR)	1986–1988
		Michel Rocard (PS)	1988–1991
		Edith Cresson (PS)	1991–1992
		Pierre Bérégovoy (PS)	1992–1993
		Edouard Balladur (RPR)	1993–1995
Jacques Chirac (RPR)	1995–2007	Alain Juppé (RPR)	1995–1997
		Lionel Jospin (PS)	1997–2002
		Jean-Pierre Raffarin (DL)****	2002–2005
		Dominique de Villepin (UMP)	2005–2007
Nicolas Sarkozy (UMP)	2007–2012	François Fillon (UMP)	2007–2012
François Hollande (PS)	2012–2017	Jean-Marc Ayrault (PS)	2012–2014
		Manuel Valls (PS)	2014–2016
		Bernard Cazeneuve (PS)	2016–2017
Emmanuel Macron (LREM) *****	2017–	Édouard Philippe (parteilos) ******	2017–

* Union pour la Nouvelle République (UNR) bzw. Union des Démocrates pour la République (UDR) waren die Vorläufer des 1976 gegründeten Rassemblement pour la République (RPR) und der 2002 aus ihm hervorgegangenen „Union pour un Mouvement Populaire (UMP); 2015 hat sich die UMP umbenannt in „Les Républicains".

** UDF: Union pour la Démocratie Française – später in der UMP aufgegangen.

*** PS: Parti Socialiste – 1971 als Nachfolgerin der 1905 gegründeten „Section française de l'internationale ouvrière (SFIO) entstanden.

**** DL: Démocratie Libéral – später in der UMP aufgegangen.

***** LREM: La République en Marche. Macron wurde am 07. Mai 2017 mit 66,1 Prozent der Stimmen gewählt.

****** Ende Oktober 2017 aus der Republikanischen Partei ausgeschlossen.

Quelle: In Anlehnung an Kempf/Hartmann (2011, S. 243 f.) mit eigener Ergänzung.

Für die Wahrnehmung seiner Aufgaben wird der Staatspräsident von rund 950 Mitarbeitern unterstützt. Der engere Kreis besteht aus etwa 50 Personen – sie arbeiten im Generalsekretariat des Präsidialamtes, im persönlichen Kabinett des Staatspräsidenten und in seinem persönlichen militärischen Generalstab. Engster politischer Vertrauter des Staatspräsidenten ist der Generalsekretär des Präsidialamtes. Mit ihm bespricht das Staatsoberhaupt täglich alle wichtigen Entscheidungen bzw. bereitet sie mit ihm vor. Zusammen mit dem Generalsekretär der Regierung bereitet der Generalsekretär des Präsidialamtes die Tagesordnung des Ministerrates vor. Die Referenten aus dem persönlichen Kabinett unterhalten Kontakte zu den Ministern und hohen Ministerialbeamten, lassen sich von ihnen informieren und setzen sie über die Ab- und Ansichten des Präsidenten in Kenntnis (Kempf 2017, S. 66 f.).

3.3.4 Regierung

Der Premierminister (Amtssitz: Hôtel Matignon) wird, wie bereits erwähnt, vom Präsidenten ernannt. Wenngleich dieser hierbei formal freie Hand hat, richtet er sich in der Praxis nach den Mehrheitsverhältnissen in der Nationalversammlung. Der Premierminister muss sich zwar anschließend keiner Wahl in der Nationalversammlung stellen, es ist jedoch üblich, dass er die Abgeordneten darum ersucht, der Regierung für ihr Programm das Vertrauen auszusprechen (Art. 49 I Verfassung). Lehnt eine (einfache) Mehrheit das Regierungsprogramm ab, muss der Premierminister beim Präsidenten den Rücktritt der Regierung einreichen, worauf ihn der Präsident entlässt. Darüber hinaus muss der Premierminister den Rücktritt der Regierung einreichen, wenn die Nationalversammlung der Regierung das Misstrauen ausgesprochen hat – auch hier ist die Entlassung des Premierministers durch den Präsidenten die zwingende Folge (Art. 50).

Eine Entlassung des Premierministers durch den Präsidenten ist nur dann möglich, wenn dieser den Rücktritt der Regierung einreicht (Art. 8). Jenseits der in Art. 50 zwingend vorgesehenen Gründe hat der Präsident keine verfassungsrechtliche Möglichkeit, den Premierminister ohne Rücktrittsgesuch zum Rücktritt zu zwingen. Gehören Präsident und Regierungschef der gleichen Partei bzw. dem gleichen politischen „Lager" an, so dass der Präsident eine Mehrheit im Parlament hinter sich weiß, stellt die Entlassung des Premierministers de facto kein Problem dar, wenn er sie – was von de Gaulle und seinen Nachfolgern mehrfach praktiziert wurde – dadurch herbeiführt, dass er einen politisch glücklosen, unpopulären oder seines Vertrauens verlustig gegangenen Amtsinhaber um seine Demission „ersucht".

Der Rücktritt des Premiers wurde von den Präsidenten öfters dazu genutzt, um sich selbst aus der Schusslinie öffentlicher Kritik zu nehmen und durch den Austausch des Regierungschefs und von Ministern eigene Handlungsfähigkeit zu demonstrieren. Sollte sich ein Premierminister dem Rücktrittswunsch des Präsidenten verweigern (was faktisch nur im Fall einer Kohabitation realistisch ist), hat der Präsident die Möglichkeit, die Nationalversammlung aufzulösen – eine neue, mit dem Präsidenten übereinstimmende Mehrheit könnte sodann den Regierungschef stürzen (Hartmann/Kempf 2011, S. 245). Der Premierminister ist demnach verantwortlich und rechenschaftspflichtig: verfassungsrechtlich stets gegenüber der Nationalversammlung und, wenn er der gleichen Partei angehört wie der Präsident, auch und vor allem politisch gegenüber dem Staatspräsidenten. Der Bestand der Regierung ist also sowohl vom Vertrauen des Präsidenten als auch der Nationalversammlung abhängig.

Der Premierminister, wie jedes Mitglied der Regierung, darf der Nationalversammlung und dem Senat nicht angehören (Kompatibilitätsverbot von Amt und Mandat, Art. 23). Nach seiner Ernennung macht der Premierminister dem Präsidenten Personalvorschläge für die Besetzung der Regierungsposten. In der Praxis behält sich der Präsident vor, lediglich die Besetzung für das Außen- und Verteidigungsressort nach seinem Willen zu gestalten. Der Präsident nimmt auch Einfluss auf die Agenda der Kabinettsmitglieder. So gibt er ihnen Richtlinien an die Hand, welche Politikfelder in ihren Ressorts in den kommenden Monaten bevorzugt bearbeitet werden sollen (Kempf 2017, S. 89).

Im wöchentlich tagenden Ministerrat werden im Vorfeld zwischen Präsident und Premierminister bzw. zwischen Fachministern bereits getroffene Entscheidungen formal beschlossen. Die Tagesordnung besteht aus Teil A (Gesetzesentwürfe, Ordonanzen und Dekrete), Teil B (Beamtenernennungen) und Teil C (Aussprachen über Gesetzgebungspläne und Aussprache über Ausführungen der Fachminister). Kontroverse Diskussionen finden kaum statt, Abstimmungen gibt es nicht. Der Präsident spricht ein Schlusswort und fällt auf diese Weise die Entscheidung (Kempf 2017, S. 62 f.). Diese Richtlinienkompetenz des Staatspräsidenten wird vom Premierminister – außer in den Zeiten einer Kohabitation – stets anerkannt.

Gemäß Art. 21 der Verfassung *„leitet der Premierminister die Amtsgeschäfte der Regierung"* und *„ist für die nationale Verteidigung verantwortlich"*. Art. 20 legt fest: *„Die Regierung bestimmt und leitet die Politik der Nation"*. Ferner ist sie für die Verwaltung und die Streitkräfte verantwortlich. Formal haben Premierminister und Regierung also eine solide Machtposition. Doch die Verfassungsnorm ist seit der Präsidentschaft de Gaulles von der Verfassungswirklichkeit überholt worden. Der Premier ist, wie bereits erwähnt, außer in der Phase eine Kohabitation, lediglich der „Erfüllungsgehilfe" des Präsidenten. So muss er, obwohl er laut Verfassung die Verantwortung für die nationale Verteidigung trägt, den Primat des Präsidenten in der Militär- und Verteidigungspolitik anerkennen und entsprechende Beschlüsse, wie z. B. über den Einsatz der Streitkräfte, umsetzen (Kempf 2017, S. 76).

Auch wenn der Premierminister im Regelfall nur Erfüllungsgehilfe des Präsidenten ist, verfügt er über nicht unbeträchtliche Kompetenzen. Ihm obliegt das Regierungsmanagement, indem er die Regierungspolitik koordiniert, wozu u. a. die Abstimmung der einzelnen Ressorts über geplante Gesetze gehört. Bei Konflikten zwischen Ministern versucht er zu moderieren. Ein Weisungsrecht steht ihm allerdings nicht zu, d. h. er darf sich nicht in die Amtsführung eines Ministers einmischen, geschweige denn ihn zur Durchführung bestimmter Maßnahmen zwingen (ebd., S. 90).

Der Premierminister trägt die Verantwortung für die Ausführung der Gesetze (Art. 21), wobei ihn ein Verwaltungsapparat in Form eines Generalsekretariats mit rund 100 Verwaltungsbeamten, die fast ausnahmslos aus der Elitehochschule ENA (École nationale d'administration) stammen, unterstützt. Er verfügt insofern über eine Gesetzeskompetenz, als er die im Ministerrat erörterten gesetzesvertretenden Verordnungen und Dekrete ausführt (Art. 21 i.V.m. Art. 13) – allerdings vorbehaltlich der vorherigen Unterzeichnung durch den Präsidenten, was in Zeiten der Kohabitation regelmäßig zu Spannungen zwischen Präsident und Regierungschef geführt hat (ebd., S. 76 ff.).

Zur Bewältigung der im Regierungsalltag anfallenden Aufgaben wird der Premierminister durch ihm beigeordnete Minister oder Staatssekretäre unterstützt; zur Vorbereitung von wichtigen Entscheidungen dienen ihm interministerielle Komitees und interministerielle Zusammenkünfte. Im Rahmen der interministeriellen Komitees tagen unter Vorsitz des Regierungschefs die für einen bestimmten Problembereich zuständigen bzw. kompetenten Minister samt ihren Staatssekretären und anderer Experten. Bei den interministeriellen Zusammenkünften versammeln sich Fachbeamte und Experten aus einem oder mehreren Ministerien, um eine Kabinettsvorlage vorzubereiten. Geleitet werden sie in Vertretung des Premierministers durch einen engen Vertrauten oder durch den Direktor des Generalsekretariats (ebd., S. 84).

Weitere Kompetenzen des Premierministers sind: Er besitzt die Gesetzesinitiative (Art. 39), auf seine Initiative kommt das Parlament zu einer außerordentlichen Sitzung zusammen, nur er kann einen von der Nationalversammlung und dem Senat gebildeten Vermittlungsausschuss einberufen. Er kann darüber hinaus Gesetze vor ihrer Verkündung vom Verfassungsrat auf ihre Verfassungsmäßigkeit überprüfen lassen.

Die Regierung hat das Gesetzgebungsverfahren unter ihrer Kontrolle. Ein Instrument, das es ihr besonders erleichtert, Gesetze in der Nationalversammlung durchzubringen, ist in Art. 49 III verankert. Diese Vorschrift sieht vor, dass der Premierminister die Abstimmung über Gesetze mit der Vertrauensfrage verbinden kann. Für den Fall, dass nicht innerhalb von 24 Stunden ein Misstrauensantrag eingebracht und mit der Mehrheit der Mitglieder der Nationalversammlung angenommen wird, gilt das Gesetz als beschlossen. Dieses Instrument, das insbesondere der Disziplinierung der Regierungsabgeordneten dient, darf der Premierminister allerdings nur einmal im Jahr nutzen. Zuletzt hat Premierminister Valls im Juni 2016 auf diese Weise das in Frankreich umstrittene Gesetz zur Reform des Arbeitsmarktes durch das Parlament gebracht.

3.3.5 Parlament

Das Parlament besteht aus der Nationalversammlung mit maximal 577 unmittelbar vom Volk gewählten Abgeordneten und dem Senat mit maximal 348 indirekt gewählten Senatoren. Es beschließt die Gesetze und kontrolliert die Arbeit der Regierung (Art. 24 I).

Die Nationalversammlung (Assemblée Nationale) wird alle fünf Jahre gewählt und besteht, wie Tab. 3.6 zeigt, aus einer Vielzahl von Parteien. Gewählt ist derjenige Kandidat, der in einem Wahlkreis mehr als 50 Prozent der Stimmen (absolute Mehrheit) auf sich vereinigt. Gelingt dies keinem der Kandidaten, reicht in einem zweiten Wahlgang zwei Wochen später die relative Mehrheit, wobei nur noch Kandidaten antreten dürfen, die im ersten Wahlgang mindestens 12,5 Prozent der Stimmen erhalten haben. Die absolute Mehrheit der Mandate liegt bei 289.

Von beiden Kammern des Parlaments ist die Nationalversammlung der weitaus stärkere Akteur in Hinblick auf Gesetzgebung und Kontrolle der Regierung, weil von ihrem Votum die Annahme oder Ablehnung eines Gesetzesentwurfs oder die Unterstützung oder der Sturz einer Regierung abhängen (Kempf 2017, S. 110). Gleichwohl steckt sie in Bezug auf den Gesetzgebungsprozess in der *„Zwangsjacke des rationalisierten Parlamentarismus"* (Hartmann 2011, S. 162), womit ihre Gestaltungsmöglichkeiten und ihr Einfluss auf Gesetzesinhalte sehr bescheiden ausfällt (Kempf 2017, S. 148). Kennzeichen des „rationalisierten Parlamentarismus" sind (1) die eingeschränkte Gesetzgebungsfunktion der Nationalversammlung und (2) die Dominanz der Regierung im Gesetzgebungsverfahren.

Tab. 3.6 Zusammensetzung Französische Nationalversammlung*

Parteien	Sitze
La République en marche**	308
Les Républicains	112
Movement démocrate	42
Parti socialiste	30
Union des Démocrates et Indépendants	18
Parti radical de gauche	3
Divers gauche	12
La France insoumise	17
Parti communiste français	10
Front National	8
Ecologiste	1
Divers droite	6
Sonstige	10
Insgesamt	577

* nach der Wahl vom 11./18. Juni 2017.

** LREM verfügt über die absolute Mehrheit der Sitze. Zusammen mit der mit ihr verbündeten Partei Movement démocrate fällt die Mehrheit noch größer aus.

Quelle: http://elections.interieur.gouv.fr/legislatives-2017/FE.html, 26.07.2017.

In Art. 34 der Verfassung ist die Gesetzgebung auf bestimmte, genau definierte Materien, beschränkt. Zwei Kategorien sind zu unterscheiden: Solche, die durch Gesetz geregelt werden (z. B. staatsbürgerliche Rechte und Grundrechte, Steuergesetzgebung, Festlegung von Verbrechen und Vergehen, Wahlsystem, Schaffung von Anstalten öffentlichen Rechts) und solche, für die durch Gesetz „Grundsätze" festgelegt werden (z. B. Organisation der nationalen Verteidigung, Selbstverwaltung und Einnahmequellen der

3.3 Das Regierungssystem Frankreichs

Gebietskörperschaften, Umweltschutz, Unterrichtswesen, soziale Sicherheit).

Alle Bereiche, die nicht in Art. 34 aufgelistet sind, fallen in die Zuständigkeit der Regierung und werden auf dem Verordnungsweg geregelt (Art. 37). Die (von der Regierung beschlossenen) Verordnungen stehen damit auf der gleichen Stufe wie (die von der Nationalversammlung beschlossenen) Gesetze. Weiter erschwert wird die Tätigkeit der Nationalversammlung durch Art. 40, der festlegt, dass von Mitgliedern des Parlaments eingebrachte Gesetzesvorschläge und Änderungsanträge unzulässig sind, wenn ihre Annahme eine Verringerung der öffentlichen Einnahmen oder die Erhöhung öffentlicher Ausgaben zur Folge haben (Kempf 2017, S. 123).

Die Nationalversammlung besitzt nicht nur eine eingeschränkte Gesetzgebungszuständigkeit, sondern auch im Verfahren unterliegt sie der Dominanz der Regierung. So müssen gemäß Art. 48 der Verfassung von den zur Beratung im Plenum vorliegenden Gesetzesentwürfen vorrangig die Vorlagen der Regierung und solche, die von ihr unterstützt werden, beraten werden. Darüber hinaus kann die Regierung gemäß Art. 44 III verlangen, dass über ein Gesetz allein mit den Änderungswünschen der Regierung und in nur einer statt wie üblich drei Lesungen abgestimmt wird (Hartmann 2011, S. 162).

Die Gesetzesinitiative steht nicht nur dem Premierminister, sondern auch jedem Mitglied des Parlaments zu (Art. 39), d. h. es gibt kein wie im deutschen Bundestag erforderliches Quorum für eine Gesetzeseinbringung. Die Gesetzesentwürfe werden nach Stellungnahme des Staatsrates im Ministerrat beraten und bei einer der beiden Kammern des Parlaments eingebracht. Vorgeschrieben ist lediglich, dass Entwürfe von Haushaltsgesetzen und von Gesetzen zur Finanzierung der Sozialversicherung zuerst der Nationalversammlung, Gesetzentwürfe, die in erster Linie die

Organisation der Gebietskörperschaften betreffen, zuerst dem Senat vorgelegt werden.

Die Wahrnehmung der Kontrollfunktion durch die Nationalversammlung ist durch den „rationalisierten Parlamentarismus" zwar stark eingeschränkt. Gleichwohl stehen ihr in Form von Anfragen, Untersuchungsausschüssen und, als schärfstem Schwert, dem Misstrauensvotum, ausreichend Kontrollinstrumente zur Verfügung.

Um die Diskussionskultur zu verbessern, ist durch die Verfassungsrevision von 2008 in Art. 48 VI vorgesehen, dass, analog zur „Question Time" im britischen Unterhaus, während der Sitzungsperiode mindestens einmal pro Woche eine Fragestunde stattzufinden hat. Untersuchungsausschüsse sind erstmals seit der Verfassungsreform im Verfassungstext verankert worden (Art. 51 II). Sie können von jeder Oppositionsfraktion beantragt werden und müssen innerhalb von sechs Monaten ihren Abschlussbericht vorlegen. Damit ist es für die Opposition in Frankreich deutlich leichter, einen Untersuchungsausschuss zu beantragen als dies in Deutschland der Fall ist, weil dort nach Art. 44 I GG ein Viertel der Mitglieder des Bundestags für einen Antrag benötigt werden. Auch wenn bis 2014 72 Untersuchungsausschüsse in der Nationalversammlung und 45 im Senat eingerichtet worden sind, genießen sie in der Öffentlichkeit wenig Aufmerksamkeit und besitzen letztlich wenig Wirksamkeit.

Durch ein Misstrauensvotum ist in der Geschichte der V. Republik bislang nur die Regierung Pompidou 1962 gestürzt worden. Weitere Anträge sind, wenn auch bisweilen knapp, gescheitert. Um einen Misstrauensantrag auf den Weg zu bringen, bedarf es zunächst der Unterzeichnung von mindestens einem Zehntel der Mitglieder der Nationalversammlung, wobei ein Abgeordneter nicht mehr als drei Misstrauensanträge im Laufe einer ordentlichen Sitzungsperiode unterzeichnen darf. Zwischen Einbringung des

Antrags und der Abstimmung müssen mindestens 48 Stunden liegen. Der Antrag ist erfolgreich, wenn er von einer Mehrheit der Mitglieder der Nationalversammlung angenommen wird, wobei Enthaltungen nicht gezählt werden (Art. 49 II). In einem solchen Fall muss der Premierminister, wie bereits erwähnt, beim Präsidenten der Republik den Rücktritt der Regierung einreichen (Art. 50), worauf ihn dieser entlässt.

Der Senat vertritt die Interessen der Gebietskörperschaften der Republik (Regionen, Departements und Gemeinden). Die Senatoren werden für sechs Jahre gewählt; alle drei Jahre wird die Hälfte des Senats neu gewählt, wobei ca. 80.000 Funktionsträger in den Regionen, Departements und Gemeinden wahlberechtigt sind. Wahlkreis ist das Departement, wobei auf jedes Departement mindestens ein Senatssitz entfällt. Der Wahlmodus bestimmt sich nach der Anzahl der von einem Departement zu besetzenden Senatssitze. In einem Departement, das nur ein oder zwei Senatssitze zu vergeben hat, kommt ein Mehrheitswahlsystem zum Zuge, in den restlichen Departement mit drei oder mehr Senatoren (z. B. Paris mit zwölf) wird nach dem Verhältniswahlrecht gewählt (Kempf 2017, S. 143).

Die Verfassung räumt dem Senat, der von den Verfassungsgebern als *„stabilisierendes Element gegenüber der von der polarisierten Parteipolitik dominierten ersten Kammer"* (Ruß 2015, S. 132) konzipiert worden ist, eine durchaus wichtige Funktion im Gesetzgebungsverfahren ein. So legt Art. 45 I der Verfassung fest, dass jeder Gesetzentwurf oder Gesetzesvorschlag in beiden Kammern des Parlaments mit dem Ziel beraten wird, eine übereinstimmende Fassung anzunehmen. Können sich beide Kammern nicht einigen, wird auf Antrag des Premierministers ein Vermittlungsausschuss einberufen. Für den Fall, dass über den im Vermittlungsausschuss erarbeiteten Gesetzgebungsentwurf keine Einigung erzielt wird, kann gem. Art. 45 IV die Regierung nach einer erneuten Lesung in beiden Kammern eine endgültige Beschlussfassung durch die Nationalversammlung verlangen. Die Nationalversammlung kann dabei entweder über den im Ausschuss ausgearbeiteten Text oder über die von ihr zuletzt verabschiedete Fassung beschließen (Kempf 2017, S. 129 f.). Damit hat die Nationalversammlung im Falle der Uneinigkeit zwischen beiden Kammern das letzte Wort im Gesetzgebungsverfahren. Nur in wenigen Bereichen, wie z. B. Verfassungsänderungen (Art. 89) und Ausführungsgesetzen zum Vertrag über die Europäische Union (Art. 88), herrscht ein tatsächliches Gleichgewicht zwischen Nationalversammlung und Senat, weil ein von beiden Kammern im gleichen Wortlaut verabschiedetes Gesetz vorliegen muss.

3.3.6 Parteiensystem

Die französischen Parteien finden erstmals in der Verfassung von 1958 Erwähnung. In Art. 4 heißt es: *„Die politischen Parteien und Gruppierungen wirken bei den Wahlentscheidungen mit. Ihre Gründung und Betätigung sind frei. Sie müssen die Grundsätze der nationalen Souveränität und der Demokratie achten."* Damit kommt ihnen verfassungsrechtlich lediglich eine Mitwirkung bei Wahlen zu und sie fallen damit hinter die Funktion deutscher Parteien zurück, die über Art. 20 GG an der politischen Willensbildung mitwirken.

Das Parteiensystem ist durch Zersplitterung infolge von häufigen Neugründungen, kurzlebigen Parteienbündnissen, Umbenennungen und Auflösungen gekennzeichnet. Die Parteien sind mitglieder-, organisations- und finanzschwach. Wenn die V. Republik dennoch von Regierungskrisen und -wechseln verschont blieb, so war es dem stabilen bipolaren Parteiensystem sowie dem Wahlsystem zu verdanken. Bis zu Beginn der 1980er Jahre standen sich zwei – in

3.3 Das Regierungssystem Frankreichs

etwa gleich starke – „Lager" mit jeweils zwei Parteien gegenüber: Die Parteien der Linken aus Kommunisten und Sozialisten (PS) sowie der Rechten aus Gaullisten (RPR) und Zentrum (UDF) (Sauger 2012, S. 111). Dieser Antagonismus setzte sich fort, allerdings mit nur einer Partei pro „Lager": Den konservativen Republikanern (Gaullisten) und den Sozialisten (PS), die je nach den Ergebnissen bei den Präsidentschafts- und Parlamentswahlen die Ämter des Staatspräsidenten und des Premierministers besetzten. Koalitionen zwischen rechten und linken Parteien, wie sie aus Deutschland bekannt sind, gibt es nicht (Sauger 2012, S. 116).

In den vergangenen Jahren ist den Republikanern und den Sozialisten mit dem Front National eine ernstzunehmende Konkurrenz erwachsen. Doch erst mit dem kometenhaften Aufstieg von Emmanuel Macron und seiner im April 2016 gegründeten Bewegung „En Marche", die im Mai 2017 in eine Partei mit dem Namen „La République en Marche" (LREM) umgewandelt wurde, ist das Parteiensystem Frankreichs gänzlich neu justiert worden. Der erste Durchgang der Präsidentenwahlen im April 2017 hat eine Aufsplitterung der Parteienlandschaft in vier fast gleich große Gruppierungen gezeigt: Die radikale Linke um Jean-Luc Mélenchon mit seiner Partei La France insoumise („Unbeugsames Frankreich"), die neue sozialliberale En-Marche-Bewegung um Emmanuel Macron, die bürgerliche Rechte (Republikaner) und der Front National von Marine Le Pen. Und besonders bemerkenswert: Erstmals in der Geschichte der V. Republik konnte kein Politiker der Bürgerlichen oder der Sozialisten in die Stichwahl um die Präsidentschaft einziehen, die von Macron am 7. Mai 2017 klar gegen Le Pen gewonnen wurde.

Die Wahlen zur Nationalversammlung im Juni 2017 besiegelten schließlich das Ende des Zwei-Parteiensystems. Während, wie Tab. 3.2 zeigt, die am 8. Mai in La République en Marche umbenannte Partei von Präsident Macron mit 308 Sitzen die absolute

Mehrheit erreichte und zusammen mit der mit ihr verbündeten Zentrumspartei Mouvement Démocrate (MoDem) über 350 der 577 Sitze verfügt, mussten die konservativen Republikaner zusammen mit der Zentrumspartei UDI (Union des Démocrates et Indépendants) mit 130 Sitzen deutliche Verluste hinnehmen. Die Sozialisten und verbündete linke Parteien wurden nahezu zur Bedeutungslosigkeit degradiert – in der vorangegangenen Wahl mit 280 Sitzen ausgestattet, stellen sie nunmehr nur noch 30 Sitze in der Nationalversammlung. Die Bewegung „Das unbeugsame Frankreich" des Linkspolitikers Jean-Luc Mélenchon gewann 17 Mandate, die Kommunisten erzielten zehn Mandate; der rechtspopulistische Front National stellt acht Abgeordnete.

Republikaner

Die Republikaner haben ihren Ursprung in der 1967 von gaullistischen Abgeordneten (Anhänger von Charles der Gaulles mit konservativem Weltbild) gegründeten „Union für die neue Republik" (UNR), die 1975 unter der Führung von Jaques Chirac in „Demokratische Union für die Republik" (UDR) und 1976, nachdem Chirac die Partei zu einer schlagkräftigen Organisation umgebaut hatte, in „Zusammenschluss für die Republik" (RPR) umbenannt wurde. 2002 schloss sie sich unter dem Namen „Union für eine Volksbewegung" (UMP) mit kleineren liberalkonservativen und liberalen Parteien zusammen. Seit 2015 nennt sich die Partei „Die Republikaner". Lange Zeit war Jaques Chirac der starke Mann der Partei. Von 1986-1988 war er Premierminister in einer Kohabitations-Regierung mit dem Sozialisten François Mitterand. Von 1995 bis 2007 hatte er selbst das höchste Staatsamt inne. Sein Nachfolger wurde der charismatische Nicolas Sarkozy, der das Präsidentenamt jedoch nur eine Legislaturperiode bekleidete, weil er 2012 gegen seinen sozialistischen Herausforderer François Hollande unterlag. Im November 2016 setzte sich François Fillon in einer Urwahl, in

3.3 Das Regierungssystem Frankreichs

der alle wahlberechtigten französischen Bürgerinnen und Bürger über den Präsidentschaftskandidaten der Republikaner entscheiden konnten, gegen Nicolas Sarkozy und Alain Juppé durch, kam indes aber nicht in die Stichwahl im April 2017.

Die Wurzeln des von den Republikanern vertretenen Programms liegen im Gaullismus, dessen Wesensmerkmale u. a. Nationalismus, der Wunsch nach einem starken Staat und sozialem Fortschritt durch staatliche Investitionsprogramme sind. Ihre Programmatik richtete sich damit sowohl an konservative gut situierte als auch an sozial schwächere Wähler. In den 1970er und 1980er Jahren wandte sich die Partei mehr und mehr dem aus den USA und Großbritannien wehenden neoliberalen Zeitgeist zu, der sich mit den Kernthemen Entstaatlichung und Entbürokratisierung eine Abkehr von einer starken Rolle des Staates zum Ziel setzte (Kempf 2017, S. 206 f.). Im Präsidentschaftswahlkampf 2017 schrieben sich alle Kandidaten, die bei den innerparteilichen Vorwahlen antraten, die Aufhebung der 35-Stunden-Woche, Steuererleichterungen für Haushalte und Unternehmen, Senkung der öffentlichen Ausgaben und die Anhebung des Rentenalters auf die Fahnen und grenzten sich damit deutlich von der Politik des sozialistischen Präsidenten Hollande ab. Der republikanische Präsidentschaftskandidat François Fillon vertrat den härtesten wirtschaftspolitischen Kurs, der dem neoliberalen Programm der Partei der 1980er Jahren entsprach. So wollte er innerhalb von fünf Jahren eine halbe Million Beamtenstellen in Frankreich streichen. Die Wochenarbeitszeit sollte von 35 Stunden auf bis zu 48 Stunden steigen, Gewerkschaftsrechte stark beschnitten und die Sozialabgaben der Unternehmen drastisch gesenkt werden.

Die Organisationsstruktur der Republikaner stellt sich in Kürze wie folgt dar: Höchstes Organ ist der „Kongress", dem alle Parteimitglieder angehören. Er entscheidet über die politischen Grundlinien der Partei und wählt alle fünf Jahre den Präsidenten, den Vizepräsidenten sowie den Generalsekretär.[60] Zwischen den Tagungen des Kongresses ist der Parteirat (Conseil National) das höchste Gremium. Er tritt zweimal im Jahr zusammen und trifft die politischen Grundsatzentscheidungen. Das politische Tagesgeschäft wird vom Bureau Politique erledigt. Ihm gehören 115 Personen an, darunter 80 vom Parteirat gewählte Mitglieder, sowie 17 kraft Amtes, darunter ehemalige Staatspräsidenten, der aktuelle sowie die ehemaligen Premierminister sowie der Parteipräsident, Vizepräsident, Generalsekretär und Schatzmeister.

Sozialisten

Die Sozialistische Partei, deren Gründung 1971 im Wesentlichen auf den Einfluss von François Mitterand zurückgeht, ist die Nachfolgeorganisation der 1905 gegründeten „Section française de l'internationale ouvrière" (SFIO). Die Sozialisten waren lange Zeit das schwächere Glied im Lager der französischen Linken – bis 1978 konnten die Kommunisten bessere Ergebnisse bei den Wahlen zur Nationalversammlung erzielen. Nachdem die Sozialistische Partei die Parlamentswahl 1981, auch gegen die bürgerlich-konservative RPR, klar gewonnen hatte, konnte bei den Präsidentschaftswahlen im selben Jahr mit Mitterand erstmals ein Kandidat der Linken das Präsidentenamt erobern, das er bis 1995 innehatte. Eine besonders bittere Erfahrung machten die Sozialisten in den Jahren 1995-2002. Zunächst musste sich Lionel Jospin dem konservativen Jacques Chirac in der Präsidentschaftswahl 1995 geschlagen geben, obwohl er im ersten Wahlgang noch an der Spitze lag. 2002 kandidierte Jospin, der von 1997-2002 Premierminister unter Chirac war, er-

---

60 In Abkehr von diesem Procedere wurde im Dezember 2017 in einer elektronischen Abstimmung unter mehr als 230.000 Mitgliedern der republikanischen Partei Laurent Wauquiez zum neuen Präsidenten bzw. Parteichef gewählt. Sein erklärtes Ziel ist es, die Partei weiter nach „rechts" zu rücken.

neut für das Amt des Staatspräsidenten, unterlag jedoch im ersten Wahlgang Jean-Marie Le Pen vom Front National, weshalb er im zweiten Wahlgang zur Wahl von Chirac aufrief. Erst 2012 gewann die Sozialistische Partei mit ihrem Kandidaten François Hollande wieder eine Präsidentschaftswahl. Zur Vorwahl der Sozialisten für die Präsidentschaftswahl 2017 trat Hollande aufgrund fehlender Erfolgschancen erst gar nicht an. In einer Ur-Abstimmung über die Präsidentschaftskandidatur setzte sich der Parteilinke und ehemalige Bildungsminister Benoît Hamon in einer Stichwahl gegen Ex-Premier Valls durch. Mit einem Stimmenanteil von nur rund sechs Prozent im ersten Wahlgang der Präsidentschaftswahl führte er die Partei in die Bedeutungslosigkeit; die nachfolgenden Wahlen zur Nationalversammlung bestätigten diese Entwicklung.

In den zurückliegenden Jahrzehnten hat die Partei einen Weg beschritten, der durch die Abkehr von der Vision einer sozialistischen Gesellschaft gekennzeichnet war. Stattdessen bekannte sich die Partei, zuletzt 2015, in einem mit breiter Mehrheit verabschiedeten Leitantrag dazu, einen Wohlfahrtsstaat durch einen Kompromiss zwischen Markt und Staat zu errichten. Inhaltlich baute dieser auf der Wahlagenda von Francois Hollandes Präsidentschaftswahlkampf 2012 auf, der u. a. eine angebotsorientierte Wirtschafts- und Finanzpolitik, Beschäftigungsprogramme für jugendliche Arbeitslose sowie eine finanzielle Förderung von kleinen und mittleren Unternehmen vorsah.

Organisiert ist die Partei in Sektionen; die Sektionen eines Departements bilden eine Föderation. Oberstes Gremium der Partei ist der Parteitag, der alle drei Jahre tagt und sich aus den Delegierten der Föderationen zusammensetzt. Zwischen den Parteitagen ist der aus 306 Mitgliedern bestehende Nationalrat (Conseil National) höchstes Entscheidungsorgan. Sie werden zu zwei Drittel vom Parteitag gewählt, das restliche Drittel besteht aus Föderationssekretären, die von den Mitgliedern auf Departementebene gewählt worden sind. Aus dem Nationalrat geht das 55-köpfige Parteibüro (Bureau National) hervor, das für die Leitung und Verwaltung der Partei verantwortlich ist. Der Parteivorsitzende, auch „Erster" Sekretär der Partei genannt, wird durch die Parteimitglieder alle drei Jahre per Urwahl gewählt.

Front National

Der Front National wurde 1972 von Jean-Marie Le Pen als eine Partei gegründet, die offensiv nationalistische, antisemitische und ausländerfeindliche Positionen vertritt. 2011 übernahm dessen Tochter, Marine Le Pen, die Führung und begann die Partei programmatisch zu erneuern, indem sie u. a. von solch heiklen Thesen ihres Vaters, wie der Leugnung des Holocausts, Abstand nahm. Ihr Ziel ist es, den Front National neben den Republikanern als zweite rechtsgerichtete Partei in Frankreich zu etablieren. Bei den Präsidentschaftswahlen 2012 errang sie im ersten Wahlgang mit 17,0 Prozent der Stimmen den dritten Platz hinter dem (späteren) Sieger Hollande und dem Zweitplatzierten Sarkozy. Bei der Europawahl 2014 konnte die Partei mit rund 25 Prozent erstmals die meisten Wählerstimmen erringen und bei den Regionalwahlen im Dezember 2015 war sie zumindest im ersten Wahlgang mit rund 28 Prozent der Stimmen stärkste Kraft noch vor den Republikanern und den Sozialisten. Dass die Partei im zweiten Wahlgang keine der 13 Regionen gewinnen konnte, liegt am Wahlsystem.[61] Bei den Präsidentschaftswahlen vom April 2017 konnte Marine Le Pen im ersten Wahlgang rund 21 Prozent der Stimmen und damit den zweiten Platz gewinnen. In der Stichwahl verlor sie mit

---

61 In den Regionen, in denen nach dem ersten Wahlgang Kandidaten des Front National vor sozialistischen Bewerbern lagen, hatten letztere zurückgezogen und zur Wahl des konservativen Kandidaten aufgerufen.

33,9 Prozent klar gegen den Sieger Emmanuel Macron, der 66,1 Prozent auf sich verbuchen konnte. Immerhin konnte sie innerhalb von fünf Jahren ihre Stimmenanteile bei Präsidentschaftswahlen verdoppeln.

Die Programmatik des Front National lässt sich am besten anhand des Anfang Februar 2017 von Parteichefin Le Pen vorgestellten Wahlprogramms für die Präsidentschaftswahl im April des Jahres ablesen. Dieses sah u. a. eine drastische Beschränkung der Einwanderung vor, protektionistische Maßnahmen für die französische Wirtschaft, einen Austritt Frankreichs aus der Euro-Zone und Rückkehr zu einer nationalen Währung, ein Referendum über einen Austritt Frankreichs aus der EU („Frexit") sowie eine verfassungsrechtliche Garantie, dass Franzosen den Vorzug beispielsweise bei Arbeitsplätzen und Sozialwohnungen erhalten sollen. Der Wahlslogan und damit die Marschrichtung für die Partei unter der Spitzenkandidatin Marine Le Pen lautete: „Frankreich zuerst" (analog zu „America First" des US-Präsidenten Trump).

Die Organisationsstruktur der Partei stellt sich wie folgt dar: Auf Parteitagen wird das Zentralkomitee gewählt – es bestellt das Nationale Büro, das monatlich tagt und aus 42 Mitgliedern besteht. Diese in der Satzung vorgesehenen Organe werden ergänzt durch das Exekutivbüro – die eigentliche Machtzentrale der Partei, in der die Parteivorsitzende Familienmitglieder sowie enge Vertraute um sich versammelt hat und mit diesen die programmatische Ausrichtung und Politik der Partei bestimmt. Organisiert wird die Partei von einem von der Parteivorsitzenden ernannten Generalsekretär.

La République en Marche

Im April 2016 gründete Emmanuel Macron, ehemaliger Wirtschaftsminister im Kabinett von Präsident Hollande, die sozialliberale Bewegung En Marche zur Unterstützung für seinen Präsidentschaftswahlkampf. Nach seinem Sieg erfolgte die Umbenennung der Bewegung in La République en Marche (LREM) und die Umwandlung in eine Partei. LREM zählt ca. 380.000 Mitglieder – erklären lässt sich diese große Zahl u. a. damit, dass Mitglieder bislang keine Beiträge zahlen mussten. Die Bewegung finanzierte sich bis zu den Präsidentschafts- und Parlamentswahlen ausschließlich aus Spenden. Nach den erfolgreichen Wahlen zur Nationalversammlung kommt in jedem Fall die staatliche Parteienfinanzierung hinzu.

Mit der Gründung seiner Bewegung verband Macron das Ziel, das traditionelle Rechts-Links-Schema in Frankreich zu überwinden, das verkrustete Parteiensystem aufzubrechen und alle gesellschaftlichen Schichten und politischen Lager zu integrieren. Das Programm, mit dem Macron nicht nur die Präsidentschaftswahl, sondern LREM auch die Wahlen zur Nationalversammlung gewonnen hat, sah radikale Reformen vor: die Lockerung des Arbeitsrechts, um das Land wettbewerbsfähiger machen (bereits Ende September 2017 in Kraft getreten), einen Abbau von 120.000 Stellen im öffentlichen Dienst, mit dem in fünf Jahren 60 Milliarden Euro eingespart werden sollen, Investitionen ins Bildungssystem, um in den sozialen Brennpunktvierteln die Klassenstärke in den ersten beiden Grundschuljahren auf zwölf Schüler zu begrenzen, damit jedes Kind die Möglichkeit erhält, die Grundlagen der französischen Sprache zu erlernen, und weitreichende Änderungen in den sozialen Sicherheitssystemen durch die Einführung einer universellen Arbeitslosenversicherung. Umweltpolitisch bekannte sich Macron zum Ziel, den Anteil des Atomstroms am Strommix bis 2025 von 75 auf 50 Prozent zu senken. Um dem nach den Terroranschlägen der vergangenen Jahre gestiegenen Sicherheitsgefühl der Franzosen Rechnung zu tragen, sah das Programm ferner die Einstellung von 10.000 neuen Polizisten, die Schaffung von 15.000 Gefängnisplätzen, die Bündelung der Arbeit der Geheimdienste im Kampf gegen die Terrormiliz „Islamischer

Staat" (IS) sowie die Steigerung der Verteidigungsausgaben auf zwei Prozent des Bruttoinlandsprodukts vor, wie innerhalb der NATO vereinbart worden war. Auf europäischer Ebene strebt Macron in enger Partnerschaft mit Deutschland eine Reform der Eurozone an – sie soll einen eigenen Haushalt, ein Parlament und einen Finanzminister bekommen.[62]

Die Organisationsstruktur ist noch nicht so weit ausdifferenziert wie bei den etablierten Parteien. An der Spitze von LREM steht mit Christophe Castaner als Vorsitzender ein Vertrauter Macrons. Darüber hinaus gibt es einen Generalsekretär, nationale Delegierte sowie Referenten, die auf Ebene der Departements die Aktivitäten der lokalen Komitees steuern.

3.3.7 Variante: Polen

Maurice Duverger hat darauf hingewiesen, dass semi-präsidentielle Systeme hinsichtlich der Machtverteilung zwischen Präsident, Regierung und Parlament eine große Variationsbreite aufweisen könnten (1980, S. 167 ff.). Legt man zur Kennzeichnung des polnischen Regierungssystems den Umfang der präsidentiellen Rechte und Kompetenzen zugrunde, so zeigt sich, dass die sogenannte kleine Verfassung von 1992 Elemente eines präsidentiell-parlamentarischen Regierungssystems enthielt, die durch das Amtsverständnis und die Neigung des Präsidenten Lech Wałęsa zur autoritären Amtsausübung noch verstärkt wurden (Furtak 2002,

---

[62] Vgl. KAS, Länderbericht Frankreich, Mai 2017, http://www.kas.de/wf/doc/kas_48797-1522-1-30.pdf?170505142449; http://www.spiegel.de/politik/ausland/frankreich-so-geht-mach-der-wahl-von-emmanuel-macron-weiter-a-1146525.html; http://www.faz.net/aktuell/politik/ausland/kandidat-macron-stellt-radikales-programm-vor-14906429-p2.html, 26.06.2017.

S. 149-157). Mit der Verfassung von 1997[63] wurden die Machtbefugnisse des vom Volk für eine Amtsdauer von fünf Jahren – mit der Möglichkeit einer einmaligen Wiederwahl – direkt gewählten Staatspräsidenten zugunsten von Regierung und des aus Sejm und Senat bestehenden Parlaments zwar beschnitten, ihm dennoch nicht unbedeutende Rechte eingeräumt, womit sich Polen zu einem parlamentarisch-präsidentiellen Regierungssystem entwickelte.[64]

War dem Präsidenten in der kleinen Verfassung die *„allgemeine Leitung"* in Angelegenheiten der auswärtigen Beziehungen sowie der inneren und äußeren Sicherheit vorbehalten gewesen (Art. 32 und 34), so bestimmt Art. 146 I der geltenden Verfassung: Der Ministerrat *„leitet die Innen- und Außenpolitik".* Wenn der Präsident als Vertreter des Staates im Bereich der Außenpolitik tätig wird, *„arbeitet"* er mit dem Vorsitzenden des Ministerrats (im folgenden Premierminister) und dem zuständigen Minister *„zusammen"* (Art. 133 III).

Der Präsident *„wacht über die Einhaltung der Verfassung, hütet die Souveränität und die Sicherheit des Staates sowie die Integrität und Unteilbarkeit des Staatsgebietes"* (Art. 126 II). Zur Wahrnehmung dieser Pflicht stattet ihn die Verfassung mit dem Amt des Oberbefehlshabers der Streitkräfte aus – in Friedenszeiten übt er diese Funktion durch den Verteidigungsminister aus. Er ernennt den Generalstabschef und die Kommandierenden der Teilstreitkräfte. Im Falle eines bewaffneten Angriffs kann er den Kriegszustand verhängen, im Fall der Bedrohung der verfassungsmäßigen Ordnung den Ausnahmezustand erklären, beides allerdings nur

---

63 Eine deutsche Fassung findet sich unter: https://www.rewi.hu-berlin.de/doc/ip/dprs/VERFASSUNG_DER_REPUBLIK_POLEN_2009.pdf, 25.07.2017.

64 Shugart/Carey (1992, S. 24) nennen ein System, das durch *„the primacy of the premier as well as the presence of a president with significant powers"* gekennzeichnet ist, premier-presidential (siehe Kap. 2.2.3).

3.3 Das Regierungssystem Frankreichs

auf Antrag des Ministerrats, und er muss eine dahingehende Verordnung binnen 48 Stunden nach deren Unterzeichnung dem Sejm (der ersten Parlamentskammer) vorlegen, der sie mit absoluter Stimmenmehrheit in Anwesenheit von mindestens der Hälfte der gesetzlichen Abgeordnetenzahl aufheben kann.

Welche Bedeutung Art. 126 II in der Praxis haben kann, wenn der Präsident aus ihm ein Recht auf Mitgestaltung der Außen- und Sicherheitspolitik ableitet, zeigte sich im Oktober 2008, als es zwischen dem Amtsinhaber Lech Kaczyński und dem Premierminister Donald Tusk zu einem Streit darüber kam, wer am EU-Gipfeltreffen der Staats- und Regierungschefs teilzunehmen berechtigt war. Tusk legte die Frage zur Klarstellung dem Verfassungsgericht vor. In seinem Urteil vom Mai 2009 entschied das Gericht, dass der Präsident zur Teilnahme berechtigt ist, wenn *„grundlegende Fragen der Sicherheitspolitik und der Souveränität des Landes"* tangiert sind (Ziemer 2013, S. 126).

Auf die Regierungsarbeit kann der Präsident unmittelbar dadurch Einfluss nehmen, dass er in *„Angelegenheiten von besonderer Bedeutung"* (Art. 141 I) den Kabinettsrat einberuft, als welcher sich der Ministerrat konstituiert, wenn der Präsident den Vorsitz führt. Weil aber dem Kabinettsrat nicht die Aufgaben des Ministerrats zustehen, kann er keine diesem vorbehaltene Entscheidungen treffen. Vom Präsidenten erlassene Amtsakte bedürfen, außer in 30 in Art. 144 aufgezählten Fällen, der Gegenzeichnung durch den Premierminister, der damit die parlamentarische Verantwortung auf sich nimmt. Außer dem Sejm ist der Präsident mit Zustimmung des Senats (der zweiten Parlamentskammer) berechtigt, ein landesweites Referendum anzuordnen.

In die Gesetzgebung ist der Präsident in vielfacher Weise eingebunden. So steht ihm außer dem Senat, dem Ministerrat sowie den Abgeordneten des Sejms das Recht zur Gesetzesinitiative zu (Art. 118). Er hat das Recht, gegen ein vom Sejm beschlossenes

Gesetz ein Veto einzulegen, es sei denn, dass er das Gesetz zwecks Überprüfung der Verfassungsmäßigkeit dem Verfassungsgericht vorlegt. Legt er ein Veto ein und wird es vom Sejm mit einer Dreifünftelmehrheit in Anwesenheit von mindestens der Hälfte der gesetzlichen Abgeordnetenzahl zurückgewiesen, so ist er verpflichtet, das Gesetz zu verkünden; der Weg zum Verfassungsgericht ist ihm versperrt (Art. 122 Nr. 5). Das Haushaltsgesetz ist vom präsidialen Einspruchsrecht ausgenommen.

Zu den weiteren Rechten des Präsidenten gehört die Designierung und Ernennung des Premierministers sowie die Ernennung der vom designierten Premier vorgeschlagenen Minister. Über die Zusammensetzung des Ministerrats entscheidet ausschließlich der designierte Premierminister. (Seinen Vorschlag zur Besetzung des Außen-, Innen- und Verteidigungsressorts muss er nicht, wie es noch Art. 61 der Kleinen Verfassung vorsah, mit dem Präsidenten abstimmen, indem er vorher dessen „Meinung ... einholt".) Ist die Regierung gebildet und vom Präsidenten vereidigt, stellt der Premierminister im Sejm die Vertrauensfrage. Verweigert der Sejm das Vertrauen, so geht das Recht der Regierungsbildung auf den Sejm über. Hat er hiermit keinen Erfolg, so geht die Initiative wieder auf den Präsidenten über. Scheitert auch dessen zweiter Versuch der Regierungsbildung mangels parlamentarischen Vertrauens, so löst der Präsident den Sejm auf und ordnet Neuwahlen an. Kabinettsumbildungen darf er nur auf Vorschlag des Premierministers vornehmen.

Entlassen kann der Präsident die Regierung, wenn der Premierminister deren Rücktritt anbietet, weil der Seym ihr das Vertrauen verweigert hat; ferner auch dann, wenn er um seinen Rücktritt ersucht. In diesem Fall kann der Präsident, um die Regierung zu erhalten, die Annahme der Demission der Regierung verweigern.

Die Regierung ist nur dem Sejm gegenüber rechenschaftspflichtig. Wie in Deutschland kann der Premierminister mit seiner

3.3 Das Regierungssystem Frankreichs

Regierung durch ein konstruktives Misstrauensvotum gestürzt werden, d. h. der Premier kann nur dann seines Amtes enthoben werden, wenn der Sejm zeitgleich mit der Mehrheit seiner Mitglieder einen neuen Premierminister wählt (Art. 158). Anders als die Parlamente in Großbritannien, Deutschland und Frankreich kann der Sejm auch einem einzelnen Minister das Misstrauen aussprechen, der dann vom Präsidenten ohne Gegenzeichnung durch den Premierminister entlassen wird (Art. 159).

Das Machtverhältnis zwischen Präsident und Regierungschef hängt nicht nur von den normativen Vorgaben ab, sondern – wie in Frankreich – auch davon, ob beide demselben politischen Lager angehören oder nicht (Ziemer 2013, S. 37). Ist letzteres der Fall, sind beide zur Kohabitation „verurteilt".

Zur ersten Kohabitation kam es, als Präsident Lech Wałęsa ab September 1993 (bis zu seiner Abwahl im November 1995) sich mit einer vom Bündnis der Demokratischen Linken (SLD) und der Polnischen Bauernpartei (PSL) gebildeten Koalitionsregierung arrangieren musste. In die Situation einer Kohabitation geriet sein Nachfolger Aleksander Kwaśniewski (SLD) im September 1997, nachdem die Wahlaktion Solidarność (AWS) als stärkste Kraft aus den Wahlen zum Sejm hervorgegangen war und mit der Freiheitsunion (UW) eine „rechte" Regierung bildete. Im Oktober 2001, ein knappes Jahr nach Kwasniewskis Wiederwahl, erlitt die AWS eine herbe Niederlage und wurde von einer SLD/PSL-geführten Regierung abgelöst, so dass Präsident und die vom Premierminister geführte Regierung wieder dem „linken" Lager angehörten. Im Herbst 2005 kam die konservative Partei Recht und Gerechtigkeit (PiS), seit Juli 2006 mit Jaroslaw Kaczyński als Premierminister, an die Regierung. Nachdem im Dezember 2005 dessen Zwillingsbruder, Lech Kaczyński, als Kandidat der PiS zum Präsidenten gewählt worden war, waren beide Amtsträger gleicher Parteizugehörigkeit. Im Herbst 2007 ging aus den Sejm-Wahlen die oppositionelle liberal-konservative Bürgerplattform (PO) als Sieger hervor und bildete zusammen mit der Bauernpartei PSL eine Koalitionsregierung unter dem Premierminister Donald Tusk, so dass wieder die Situation einer Kohabitation eintrat. Auf Lech Kaczynski, der im April 2010 bei einem Flugzeugabsturz ums Leben gekommen war, folgte Bronisław Komorowski von der PO, so dass Präsident und Premier gleicher parteipolitischer Couleur waren. Das ist auch seit Herbst 2015 der Fall, als Andrzej Duda als Kandidat der PiS zum Präsidenten gewählt wurde und die PiS die absolute Mehrheit der Sejm-Sitze errang. Präsident und Premierminister agieren als Erfüllungsgehilfen des PiS-Vorsitzenden Jaroslaw Kaczyński und dessen populistischer national-konservativer Politik.[65]

Zusammenfassend ist festzustellen, dass der Staatspräsident in Polen aufgrund der Verfassung Machtbefugnisse besitzt, die einerseits über die eines Staatsoberhaupts in einem parlamentarischen System wie Großbritannien oder Deutschland hinausgehen, andererseits an diejenigen des französischen Präsidenten nicht heranreichen. In der gegenwärtigen Situation greift indes der Mechanismus des Semi-Präsidentialismus nicht, denn weder der Präsident noch der Premierminister besitzen politische Gestaltungsmacht; sie ist vielmehr außerhalb des Gefüges der Staatsorgane und damit praeter constitutionem in der Hand eines Politikers konzentriert, der es sich zum Ziel gesetzt hat, Staat und Gesellschaft in Polen nach seinen Vorstellungen umzubauen (siehe Kap. 4.2).

---

65 Am 07. Dezember 2017 reichte Beata Szydło ihren Rücktritt ein. Zum neuen Premierminister wurde Mateusz Morawiecki ernannt, der in der Regierung Szydło das Amt des Wirtschafts- und Finanzministers bekleidete. Da er ebenfalls als Vertrauter von PiS-Parteichef Kaczyński gilt, wird sich an der politischen Ausrichtung der Regierung sowie dem Einfluss Kaczyńskis auf sie vermutlich nichts ändern.

3.3 Das Regierungssystem Frankreichs

Lernziele

Nachdem Sie dieses Kapitel durchgearbeitet haben, sollten Sie
- die verfassungsrechtlichen Grundlagen sowie den Staatsaufbau Großbritanniens, der USA und Frankreichs darstellen können;
- die Aufgaben und Befugnisse des Staatsoberhaupts, der Regierung bzw. des Regierungschefs und des Parlaments in jedem der drei Staaten gegenüberstellen und daraus Aussagen über die jeweilige Machtfülle dieser Organe ableiten können;
- beschreiben können, wie das jeweilige Parteiensystem in den drei Ländern strukturiert ist und welche Parteien mit welcher inhaltlichen Programmatik miteinander konkurrieren;
- erläutern können, inwieweit es Gemeinsamkeiten und Unterschiede gibt zwischen dem parlamentarischen Regierungssystem Großbritanniens und den ebenfalls parlamentarischen Systemen Deutschlands und Italiens;
- erläutern können, inwieweit es Gemeinsamkeiten und Unterschiede gibt zwischen dem präsidentiellen Regierungssystem der USA und den ebenfalls präsidentiellen Systemen Mexikos und Süd-Koreas;
- erläutern können, inwieweit es Gemeinsamkeiten und Unterschiede gibt zwischen dem semi-präsidentiellen Regierungssystem Frankreichs und dem ebenfalls semi-präsidentiellen System Polens.

Demokratische Regierungssysteme im Wandel 4

Dieses Kapitel greift einige aktuelle Entwicklungen auf, die bei demokratischen Regierungssystemen zu einem Wandel führen und sie vor (neue) Herausforderungen stellen. Der zu konstatierende Befund, dass sich die Demokratie auf dem Rückzug befindet, wird illustriert durch eine Bestandsaufnahme der gegenwärtigen politischen Entwicklung in Ungarn, Polen und in der Türkei. In den USA ist eine neue (Regierungs-)Kultur zu beobachten, was anhand des eigenwilligen Regierungsstils von Präsident Trump gezeigt wird. Abschließend werden für demokratische Systeme jenseits eines Trends zum Autoritarismus gefährdende Entwicklungen beschrieben und diskutiert, was in den Begriffen „Postdemokratie", „Präsidialisierung" und „Personalisierung" zum Ausdruck kommt.

4.1 Sieges- und Rückzug der Demokratie

Der US-amerikanische Demokratieforscher Samuel P. Huntington hat 1991 in seinem Werk „The Third Wave" drei Demokratisierungswellen im 20. Jahrhundert identifiziert, die dadurch gekennzeichnet seien, dass sich autokratisch verfasste Systeme vermehrt zu Demokratien gewandelt hätten. Die erste Demokratisierungswelle habe mit dem Jahr 1828 begonnen und 1922/26 geendet; die zweite, eher kurze, verlief zwischen 1943 und 1962. Auf beide folgten Gegenwellen (zwischen 1922/26 und 1942 sowie zwischen 1958/62 und 1974), die demokratische Systeme zusammenbrechen ließen und zur Errichtung autokratischer oder gar totalitärer Regime geführt hätten (S. 16).

Den Beginn der dritten Demokratisierungswelle datierte Huntington auf April 1974, als der in Portugal diktatorisch regierende Präsident Salazar gestürzt wurde. In der Folgezeit erfasste sie auch Griechenland (1974) und Spanien (1975). Doch nicht nur in Südeuropa, sondern auch in Lateinamerika wurde das Joch der (Militär-)Diktaturen abgeschüttelt. In den 1980er Jahren kamen frei gewählte Regierungen an die Macht: In Peru (1980), Bolivien und Honduras (1982), Argentinien (1983), Nicaragua und El Salvador (1984), Brasilien, Uruguay und Guatemala (1985), Panama und Paraguay (1988); Anfang der 1990er Jahre auch in Chile (Munck 2017, S. 77 f.).

Ob der Zusammenbruch der Sowjetunion 1990/1991 und die Transition mittel- und osteuropäischer Staaten von autoritären Regimen zu demokratisch verfassten Rechtsstaaten, wie in Polen, der Tschechoslowakei (seit 1993 Tschechiens und der Slowakei), in Ungarn und den baltischen Staaten als vierte Demokratisierungswelle angesehen werden kann, mag dahingestellt bleiben. Zu konstatieren ist, dass sich seit einigen Jahren eine dritte Gegenwelle ihre Bahn gebrochen hat. Sie hat die in den „Arabischen Frühling" gesetzten Hoffnungen, die mit dem Sturz autoritär herrschender Präsidenten in Tunesien, Ägypten, Libyen und im Jemen ab Ende 2010 einhergingen, außer in Tunesien, zerschlagen. Sie hat auch Europa erfasst und dort, von nationalistischen Motiven gespeist, Länder wie Polen und Ungarn, die schon als etablierte Demokratien

4.1 Sieges- und Rückzug der Demokratie

galten, an den Rand des Autoritarismus geführt. Besonders betroffen ist die Türkei, die Schritt für Schritt bereits in ein autoritäres Regime abgeglitten ist. Südamerika ist ebenfalls nicht verschont geblieben, wie die Situation in Venezuela zeigt, wo Staats- und Regierungschef Maduro mit Hilfe des Obersten Gerichtshofes das Parlament entmachtet hat, mit Hilfe einer neuen Verfassung seine gleichsam diktatorische Macht weiter auszubauen und die Opposition von den Präsidentschaftswahlen 2018, bei denen er erneut antreten will, auszuschließen gedenkt. Die von Francis Fukuyama 1992 aufgestellt These, dass mit dem weltweiten Siegeszug der Demokratie das „Ende der Geschichte"[66] gekommen sei, hat sich damit als Trugschluss erwiesen.

Die amerikanische Nichtregierungsorganisation Freedom House, die seit 1973 Freiheit und Demokratie in der Welt untersucht, kommt in ihrem „Freedom in the World"-Jahresbericht 2017" zum Ergebnis, dass

- in 67 Ländern ein Verlust von Freiheit zu verzeichnen ist und nur in 36 Ländern eine Verbesserung. Damit fallen seit 2006 im elften Jahr in Folge die Verluste von politischen Freiheiten weltweit größer aus als die Zuwächse. Mithin ist ein weltweiter Rückgang der Demokratie zu verzeichnen;
- von den 195 untersuchten Ländern 87 (45 Prozent) als frei, 59 (30 Prozent) als teilweise frei und 49 (25 Prozent) als nicht frei einzustufen sind – das sind schlechtere Werte als in den Vorjahren.[67]

---

66 Siehe Fukuyama (1992).
67 https://freedomhouse.org/sites/default/files/FH_FIW_2017_Report_Final.pdf, 30.07.2017.

In Europa ist die Demokratie durch die Agitation zum Teil in Regierungsverantwortung stehender rechtspopulistischer, ausländerfeindlicher Parteien und Gruppierungen unter Druck geraten. Zu erwähnen sind: Front National (Frankreich), Freiheitliche Partei (Österreich), Alternative für Deutschland, Lega Nord (Italien), Die Wahren Finnen, der Flaams Belang (Belgien), die Partei der Freiheit (Niederlande), Fidesz und Jobbik (Ungarn), Úsvit (Tschechien), Schwedendemokraten, Dänische Volkspartei, Fortschrittspartei (Norwegen), NLS-Nase Slovensko (Slowakei), Recht und Gerechtigkeit (Polen), Schweizerische Volkspartei; in den USA ist es Alternative Right.

4.2 Polen, Ungarn und die Türkei auf den Weg in den Autoritarismus

In *Polen* hat sich die in den Parlamentswahlen vom Oktober 2015 siegreiche Partei Recht und Gerechtigkeit (PiS) das Ziel gesetzt, Staat und Gesellschaft nach ihrem nationalkonservativen Weltbild umzugestalten. Kurz nach dem Amtsantritt der Regierung unter Premierministerin Beata Szydło wurden die öffentlich-rechtlichen Medien und Teile des Zeitungsmarktes umstrukturiert, um sie auf Regierungskurs zu bringen und damit öffentliche Kritik an der Regierungspolitik zu unterbinden. Ferner kam es zu einer Reorganisation der Geheimdienste – wichtige Positionen wurden dort wie auch in anderen staatlichen Einrichtungen mit PiS-Gefolgsleuten besetzt. Diese Maßnahmen flankierte die Regierung mit sozialpolitischen Wohltaten u. a. der Erhöhung des Kindergeldes und der Absenkung des Renteneintrittsalters.

Mitte 2016 wurde das Gesetz über das Verfassungsgericht novelliert und damit dessen Zusammensetzung entscheidend verändert. Der amtierende Gerichtsvorsitzende und seine Stellvertreter wurden

4.2 Polen, Ungarn und die Türkei

entlassen, als Vorsitzende wurde eine PiS-Vertraute ernannt. Die Wahl von fünf noch vom Vorgänger-Parlament bestellten Verfassungsrichtern wurde annulliert. Die Reform des Verfassungsgerichts war indes nur der Auftakt für eine komplette Umgestaltung des Justizsystems, an dessen Ende de facto die Abschaffung der Unabhängigkeit der Justiz und damit der Gewaltenteilung stehen könnte. Im Juli 2017 beschlossen Sejm und Senat drei Gesetze. Eines unterstellt den Landesrichterrat, der laut Verfassung mit der Auswahl und Kontrolle von Richtern betraut ist und über die Unabhängigkeit der Justiz wacht, dem Justizminister und dem Parlament. Das zweite Gesetz ermächtigt den Justizminister, der gleichzeitig das Amt des Generalstaatsanwalts bekleidet, die Präsidenten und Stellvertreter der ordentlichen Gerichte jederzeit suspendieren und neue berufen zu können.[68] Das dritte Gesetz sieht vor, dass das Oberste Gericht – neben dem Verfassungsgericht Polens wichtigstes Gericht – aufgelöst wird und alle Richter entlassen oder in den vorzeitigen Ruhestand geschickt werden. Allein der Justizmister entscheidet über Neubesetzungen. Alle Gesetze verstoßen nach Auffassung polnischer und internationaler Juristen gegen die Verfassung sowie internationale Rechtsstandards.

Überraschend legte Staatspräsident Andrzej Duda, der sich bislang als treuer Gefolgsmann Kaczyńskis erwiesen hatte, im Juli 2017 nach Art. 122 der Verfassung ein Veto gegen die Gesetze zur Reform des Obersten Gerichts und des Landesrichterrats ein. Dagegen unterzeichnete er nur das Gesetz zur Reform der ordentlichen Gerichte. Gleichzeitig kündigte er an, sein Recht zur Gesetzesinitiative nach Art. 118 wahrzunehmen und einen eigenen Entwurf zu den von ihm mit einem Veto belegten Geset-

---

68 Anfang November 2017 entließ der Justizminister bereits 26 Präsidenten oder Stellvertretende Präsidenten von Berufungsgerichten in Kattowitz, Breslau und Lublin.

zen auszuarbeiten. Ende November 2017 brachte er im Parlament seine im Vorfeld mit der PiS abgesprochenen Gesetzentwürfe ein. Sie zeigten, dass Dudas Initiative nicht zum Ziel hatte, die ihm in der Verfassung zustehenden Kompetenzen zu nutzen, um den Abbau der Rechtstaatlichkeit und die Aushöhlung des Gewaltenteilungsprinzips zu verhindern, sondern vielmehr seine Macht auszubauen. So sahen seine Vorschläge vor, dass die Mitglieder des Landesrichterrats und des Obersten Gerichts künftig vom Parlament mit einer Mehrheit von drei Fünfteln gewählt werden sollen; kommt sie nicht zustande, soll der Präsident entscheiden. Eine hierfür notwendige Verfassungsänderung hatte Duda ebenfalls vorgelegt. Mitte Dezember 2017 wurden beide Gesetzesentwürfe, die die letzten noch unabhängigen Institutionen der Justiz unter die Kontrolle der Regierung bringen, vom Parlament beschlossen.

Die EU sieht durch die Justizreform grundlegende Prinzipien einer Demokratie wie Gewaltenteilung und Rechtstaatlichkeit verletzt und hat über das bereits durchgeführte Rechtsstaatsverfahren hinaus Ende Dezember 2017 ein Verfahren zum Entzug des Stimmrechts Polens im EU-Ministerrat nach Art. 7 EUV eingeleitet.

In *Ungarn* waren nach 1990, zunächst durchaus erfolgreich, stabile und funktionsfähige demokratische Institutionen und Verfahren etabliert worden: Ein Mehrparteiensystem, die Verantwortlichkeit der Regierung gegenüber dem Parlament, Unabhängigkeit der Gerichte und eine plurale Medienlandschaft. In freien und fairen Wahlen wechselte die Macht zwischen den politischen Parteien.

2010 gelang es der nationalkonservativen Fidesz-Partei Viktor Orbáns, eine verfassungsändernde Zweidrittelmehrheit zu erringen. Dies nutzend, machte sich der zum Ministerpräsidenten gewählte Orbán auf den Weg, seine Macht und die seiner Partei sukzessive auszubauen: Durch die Verabschiedung einer neuen Verfassung, die Einschränkung der Rechte des Verfassungsge-

4.2 Polen, Ungarn und die Türkei

richts, die Beschneidung des Budgetrechts des Parlaments, die Einsetzung eines Nationalen Justizrats, der in die Unabhängigkeit der Gerichte eingreifen kann, die Einrichtung eines Medienkontrollrats, die stärkere politische Einflussnahme der Politik auf die Nationalbank und den Beschluss über ein neues Wahlgesetz, mit dem die Chancen kleinerer Parteien bei Wahlen verringert werden sollen. Darüber hinaus wurden überall im Staatsapparat loyale Parteigänger der Fidesz untergebracht, auch und insbesondere in öffentlich-rechtlichen Medien (Sengert 2017, S. 268 f.).

2014 wurde die Fidesz von 45 Prozent der Wähler erneut als stärkste politische Kraft mit der Regierungsbildung beauftragt, womit sich Orbán in seinem politischen Kurs bestätigt fühlte. Er setzte seine rechts-nationalistische Politik, die den Rechtsstaat aushöhlt und Grundrechte, wie die Pressefreiheit, einschränkt, ungehindert fort, weshalb die EU wiederholt Vertragsverletzungsverfahren gegen Ungarn eingeleitet hat. Doch Orbán legt anders als Kaczyński in Polen eine Flexibilität an den Tag, die ihn immer wieder Zugeständnisse an die EU machen lässt, um Sanktionen zu vermeiden. Damit zeichnet sich in Ungarn ein eher schleichender und weicher Prozess der Autokratisierung ab, der zudem weniger ideologisch unterfüttert ist als in Polen und eher dem Machterhalt von Orbán und seiner Partei dient, als dem Umbau von Staat und Gesellschaft. Deshalb wird das Land auch als „*Mehrheitsdemokratie mit hegemonialer Regierungspartei und Dominanz des rechten Parteienspektrums*" (Szabó 2017, S. 283) charakterisiert, in der europäische Werte durch die Machtausübung von Fidesz und Regierung missachtet werden, gleichwohl noch Raum für unterschiedliche Formen des Protests durch Medien und Zivilgesellschaft vorhanden ist (ebd.). Inwieweit die Parlamentswahlen im April 2018 machtpolitische Veränderungen hervorbringen werden, bleibt abzuwarten.

In der *Türkei* setzte 1999, nachdem das Land den Kandidatenstatus für einen Beitritt zur EU erhalten hatte, ein demokratischer Reformprozess ein. Ein Drittel der Verfassung wurde neu geschrieben, über 200 Gesetzesartikel wurden neu gefasst mit dem Ziel, die „Kopenhagener Kriterien" zu erfüllen, die für einen Beitritt eines Staates zur EU u. a. die Gewährleistung von Demokratie, Rechtstaatlichkeit sowie die Achtung von Menschen- und Minderheitenrechten voraussetzen. Großen Anteil an den politischen und wirtschaftlichen Reformen des Landes hatte Recep Tayyip Erdoğan, der von 2003 bis 2014 als Ministerpräsident amtierte. Doch nach dem Beginn der Beitrittsverhandlungen im Oktober 2005 erlahmte sein Reformeifer (Söyler 2009, S. 3) – nicht zuletzt weil Deutschlands Kanzlerin Angela Merkel der Türkei statt einer Vollmitgliedschaft nur eine „privilegierte Partnerschaft" angeboten hatte. Ab 2010 regierte er zunehmend autoritär und konzentrierte sich immer mehr auf den Ausbau seiner Macht.

2014 gewann Erdoğan die Wahl zum Staatspräsidenten. Er strebte eine Ausweitung der Kompetenzen des Präsidenten an, um nicht nur faktisch, sondern auch verfassungsmäßig legitimiert durchregieren zu können. Ein Schub für seine Pläne war der gescheiterte Putsch vom 15. Juli 2016, als Kräfte innerhalb des Militärs versuchten, Erdoğan zu stürzen. Mit dem Argument, dass das Land politische Stabilität benötige, forcierte er seinen Plan, die Türkei von einem parlamentarischen in ein präsidentielles Regierungssystem umzugestalten. Im Januar 2017 stimmte das Parlament für die entsprechende Verfassungsänderung; im April votierten 51,4 Prozent der wahlberechtigten Bevölkerung für die Einführung eines präsidentiellen Systems.

Mit der Verfassungsänderung erhält der Staatspräsident, der gleichzeitig Regierungschef ist, beträchtliche Befugnisse, die über diejenigen des amerikanischen Präsidenten hinausgehen. Internationale Verfassungsexperten der Venedig-Kommission des

4.2 Polen, Ungarn und die Türkei

Europarates wiesen in einem Gutachten[69] darauf hin, dass sich die Türkei wegen des Fehlens von Gegengewichten und Kontrollmöglichkeiten zu einem autoritären Präsidialsystem entwickeln könnte, was sich an folgenden künftigen Rechten und Befugnissen des Präsidenten festmachen ließe:

- Alleinige Ausübung der exekutiven Gewalt und alleinige Befugnis zur Ernennung und Entlassung von Ministern und hohen Beamten;
- Auflösung des Parlaments;
- Erlass von Dekreten mit Gesetzeskraft ohne Zustimmung des Parlaments;
- Möglichkeit, auch Mitglied oder gar Vorsitzender einer Partei zu sein, womit er die Parteipolitik zur Richtschnur seiner Regierungspolitik machen kann;
- Ernennung von sechs der 13 Mitglieder im Rat der Richter und Staatsanwälte sowie 12 der 15 Verfassungsrichter, was zur Schwächung der Unabhängigkeit der Justiz führt.

Hervorzuheben ist das Recht des Präsidenten zur Auflösung des Parlaments, womit das künftige türkische Regierungssystem kein reines präsidentielles, sondern vielmehr ein hybrides System wäre.

In der Türkei wird die Demokratie auch und vor allem durch den massiven Abbau an Rechtsstaatlichkeit seit dem Putsch vom Juli 2016 ausgehöhlt. Binnen eines Jahres wurden mehr als 150.000 Personen (Polizisten, Militärangehörige, Richter, Staatsanwälte, Journalisten, Lehrer, Hochschulangehörige) entlassen oder vom

---

69 http://www.venice.coe.int/webforms/documents/?pdf=CDL-AD(2017)005-e, 02. August 2017.

Dienst suspendiert, rund 50.000 festgenommen.[70] Begründet wurde diese Säuberungsaktion mit deren angeblichen Verstrickung in den gescheiterten Putsch und ihren (mutmaßlichen) Kontakten zur verbotenen Gülen-Bewegung. Es gibt zwar noch einen begrenzten Interessenpluralismus, eine, wenngleich kontrollierte, politische Partizipation und eine Opposition, die allerdings unterdrückt wird, indem ihre führenden Politiker verhaftet werden. Unter dem gegenwärtig noch geltenden Ausnahmezustand werden Oppositionelle und regierungskritische Journalisten unter Terrorverdacht gestellt – die staatlich organisierte Willkür und damit die Unsicherheit, wen es treffen könnte, erinnert an Praktiken eines totalitären Regimes.

Zusammenfassend lässt sich mit Blick auf die politische Entwicklung in den drei Ländern folgendes feststellen: Regierungsgegner werden, wie in der Türkei, als Volksfeinde oder gar als Terroristen gebrandmarkt und verhaftet; die Pressefreiheit wird stark eingeschränkt, oder, wie in Ungarn auf Regierungslinie gebracht; in Polen wird die Judikative als kontrollierende Gewalt unter die Kuratel der Regierung gestellt, die Opposition vom PiS-Vorsitzenden als Verräter denunziert. Die Demontage der Demokratie ist umso leichter, als die Bürger in diesen Ländern zeitlich nur wenig Gelegenheit hatten, um eine die Demokratie stabilisierende politische Kultur (entsprechende Einstellungen, Überzeugungen und Verhaltensweisen), zu internalisieren;[71] in Polen und Ungarn herrschten in der Zwischenkriegszeit autoritäre Regime, in der Türkei nach dem Zweiten Weltkrieg phasenweise Militärs.

Bemerkenswert ist, dass sich der politische Wandel in Polen, Ungarn und der Türkei auf eine in demokratischen Wahlen errungene Parlamentsmehrheit stützen kann. Unter Ineinssetzung

---

70 http://www.sueddeutsche.de/politik/guelen-anhaenger-tuerkei-mehr-als-festnahmen-1.3611015, 02. August 2017.

71 Zum Begriff politische Kultur siehe Berg-Schlosser (1972).

dieser Mehrheit mit dem sogenannten Volkswillen, der über dem Recht stehe und einen Verfassungsbruch rechtfertige, werden Legislative und Judikative systematisch zugunsten der Exekutive geschwächt. Alexis de Tocqueville konstatierte in seinem Werk „De la Démocratie en Amérique" („Über die Demokratie in Amerika", 1835/1840), dass in der missbrauchsanfälligen Allmacht der Mehrheit der „*Keim zur Tyrannei*" liege (Tocqueville 1976, S. 291).

4.3 Die USA: Regieren im Zeichen von Twitter und Fake News

In den USA sind das in der Verfassung von 1787 verankerte Prinzip der checks and balances sowie die politische Kultur durch die Präsidentschaft Donald Trumps vor eine bislang nicht gekannte Herausforderung gestellt. Trump praktiziert einen Regierungs- und Kommunikationsstil sui generis, der autoritäre, narzisstische und nationalistische Züge in sich vereint. Deshalb haben zahlreiche Kommentatoren bereits wenige Tage nach der Amtseinführung am 20. Januar 2017 vor einem Abgleiten des Landes in den Autoritarismus gewarnt.

Um seine Wahlkampfversprechen, die in dem von ihm formulierten Leitsatz „America first" zusammengefasst werden können, zu erfüllen und diesbezüglich Fakten am Kongress vorbei zu schaffen, nutzt Trump das Instrument der Executive Orders. So hat er in ersten 14 Tagen seiner Präsidentschaft acht erlassen. Sie beinhalteten u. a. den Ausstieg aus der Krankenversicherung (Obama-Care), den Bau einer Mauer an der Grenze zu Mexiko und einen auf drei Monate begrenzten Einreisestopp in die USA für Flüchtlinge und Besucher aus sieben mehrheitlich muslimischen Ländern. Im ersten Jahr seiner Amtszeit waren es 58 Executive Orders – dagegen hatte sein Vorgänger Barak Obama in seiner achtjährigen Amtszeit durchschnittlich 35 Dekrete pro Jahr erlassen.[72]

Trumps bevorzugtes Kommunikationsmittel sind Tweets, mit denen er „aus dem Bauch heraus" Botschaften unter das Volk bringt und sicher sein kann, dass die Inhalte von den Medien aufgegriffen werden. Mit den nur 140 Zeichen umfassenden Tweets, von denen er im ersten Amtsjahr rund 2.500 abgesetzt hat, betreibt er (Welt)Politik, wobei er nicht selten eine inhaltliche Position, die er noch wenige Tage zuvor vertreten hat, über Bord wirft und das Gegenteil für richtig hält.

Auch in der Pressepolitik geht er neue Wege. Die großen, etablierten Zeitungen, wie die Washington Post und die New York Times, sind bei ihm wegen kritischer Berichterstattung in Ungnade gefallen. Trump bezichtigt sie der Verbreitung von „Fake News" und bezeichnet sie als „Feinde des Volkes". Bevorzugt werden von ihm kleine, rechtskonservative Medien.

Trump und seine Administration arbeiten indessen selbst, ähnlich wie Autokraten, mit dem Stilmittel der Lüge, für die sie ein Synonym gefunden haben: „alternative Fakten". An die Öffentlichkeit geriet dieser Begriff erstmals, als Trumps Beraterin Kellyanne Conway in einem Presseinterview mit der Behauptung des Pressesprechers Sean Spicer konfrontiert wurde, bei Trumps Amtseinführung wären deutlich mehr Menschen anwesend gewesen als bei der Inauguration Barak Obamas, obwohl Luftaufnahmen das genaue Gegenteil bewiesen hätten, worauf Conway erwiderte, Spicer hätte nur alternativen Fakten dargestellt. Weitere Beispiele für alternative Fakten sind die Leugnung des Klimawandels und die Behauptung, dass von der Abschaffung von Obama-Care nur wenige Amerikaner betroffen wären.

---

72 https://www.federalregister.gov/executive-orders, 20. Januar 2018.

4.3 Die USA

Zu Trumps Regierungsstil gehört auch das hire und fire. Abgesehen von den wiederholten Personalrochaden im Weißen Haus, sei hingewiesen auf die Entlassung des FBI-Chefs, weil dessen Behörde untersucht hat, ob es bei den mutmaßlichen russischen Einflussversuchen auf die Präsidentschaftswahl Absprachen zwischen Trumps Wahlkampfteam und Moskau gegeben hat, und auf die Entlassung der Justizministerin, weil sie sich dem Dekret zum Einreisesstop von Muslimen widersetzt hat.

Abraham Lincoln (1809-1865), der 16. Präsident der USA, hat im November 1863 auf dem Schlachtfeld von Gettysburg in seiner berühmt gewordenen Rede (Gettysburg Address) das für die Amerikaner zum historisch-politischen Erbe ihres Landes gehörende Demokratieverständnis formuliert: Demokratie sei *„government of the people, by the people, for the people"*, also Herrschaft, die aus dem Volk hervorgeht, durch das Volk und für das Volk ausgeübt wird. Demgegenüber ist die Regierung Trump eine Regierung der Reichen für die Reichen – mehrere Mitglieder des Kabinetts sind Multimillionäre oder gar Milliardäre, in deren Interesse es liegt, auf Steuersenkungen für ihresgleichen und eine Deregulierung des Finanzsektors hinzuwirken. (Damit weist sie Merkmale einer Plutokratie auf.)

Nach fast einem Jahr der Präsidentschaft Trumps kann indes auch konstatiert werden, dass das System der checks and balances, das nicht nur die Teilung der Gewalten, sondern auch ihre Verschränkung und gegenseitige Kontrolle vorsieht, von Trump zwar strapaziert wird, aber (noch) intakt ist, insofern als der Kongress den Präsidenten in Schach hält oder ihm Gerichte in den Arm fallen. Dieser Befund lässt sich am Scheitern von Trumps zentralen Wahlkampfversprechen, der Abschaffung von Obama-Care trotz republikanischer Mehrheit im Senat, dem von Gerichten verhinderten Vollzug des Dekrets zum Einreisestopp für Muslime und dem vom Kongress gegen den Widerstand des

Präsidenten beschlossenen Gesetz über neue Sanktionen gegen Russland verdeutlichen.

4.4 Demokratie unter Druck und vor neuen Herausforderungen

Jenseits des am Beispiel Polens, Ungarns und der Türkei aufgezeigten Trends zum Autoritarismus gibt es eine Entwicklung, die die Demokratie weniger offensichtlich zerstört, als vielmehr durch ihr inhärente Defizite schleichend zersetzt. Der britische Politikwissenschaftler Colin Crouch hat (neben anderen) hierfür den Begriff der „Postdemokratie" in den demokratietheoretischen Diskurs eingeführt. Er weist in seinem 2008 erschienenen Werk „Postdemokratie" auf Folgendes hin: *„Während die demokratischen Institutionen formal weiterhin vollkommen intakt sind (…), entwickeln sich politische Verfahren und die Regierungen zunehmend in eine Richtung zurück, die typisch sind für vordemokratische Zeiten: Der Einfluss privilegierter Eliten nimmt zu, in der Folge ist das egalitäre Projekt zunehmend mit der eigenen Ohnmacht konfrontiert"* (S. 13).

Crouchs Befund zielt darauf ab, für die Problematik von Funktionsdefiziten in liberalen Demokratien und ihren Institutionen zu sensibilisieren. Er konstatiert, dass in einem als Postdemokratie bezeichneten Gemeinwesen die demokratischen Verfahren zwar durchweg funktionieren, indem Wahlen durchgeführt werden, die zu einem Regierungswechsel führen könnten. Die öffentliche Debatte in Wahlkämpfen würde jedoch nicht von den Sorgen und Nöten der Bürger bestimmt, sondern von Themen, die von PR-Experten vorgegeben werden. Die Bürger spielten nur noch eine passive und stille Rolle, entfernten sich zunehmend von der Politik, partizipierten nicht mehr an ihr. Damit würden von der

4.4 Demokratie unter Druck

Regierung politische Entscheidungen nicht mehr auf der Grundlage des Bürgerwillens getroffen, sondern auf Grundlage einer starken Einflussnahme politischer und wirtschaftlicher Eliten (S. 10).

Auch von Beyme setzt sich in seinem Buch „Von der Postdemokratie zur Neodemokratie" (2013) mit der von Crouch beschriebenen Gefahr für die Demokratie auseinander. Die Ursachen für die Entwicklung zur Postdemokratie macht er additiv an einzelnen Erscheinungen fest: (1) an einer Oligarchisierung der liberalen Demokratie, (2) der Aushöhlung der Gewaltenteilung durch eine Präsidialisierung, (3) der Entstehung des Populismus statt demokratischer Partizipation und (4) einer Dominanz korporatistischer Arrangements im Entscheidungsprozess (S. 12).

Die Aushöhlung der Gewaltenteilung durch eine Präsidialisierung ist das Thema des französischen Demokratietheoretikers Pierre Rosanvallon in seinem 2015 verfassten und 2016 auf Deutsch erschienenen Werk „Die gute Regierung". Seine zentrale These lautet: *„Die Tendenz zur Präsidialisierung markiert seit etwa drei Jahrzehnten einen grundlegenden Einschnitt in Wesen und Form der Demokratien"* (S. 10). Zum Ausdruck komme diese Tendenz in der vermehrten Wahl des Staatsoberhaupts durch das Volk, insbesondere in den Demokratien neueren Datums in Asien, Afrika und Lateinamerika, in den Nachfolgestaaten der Sowjetunion und der arabischen Welt, wo sich dieses Verfahren als vermeintlich logische Folge des Sturzes despotischer Regime und der Anerkennung der Volkssouveränität durchgesetzt habe. In Staaten, wo Präsidenten nicht direkt gewählt werden, hätten Premierminister, wenn auch informell, eine ähnlich überragende Machtposition (S. 10 ff.).

Die Präsidialisierung ist für Rosanvallon indes nur eine Folge eines tiefer reichenden politischen Wandels weltweit – *„des Erstarkens der vollziehenden Gewalt"* (S. 14). Die Exekutive sei die einzige Gewalt, die unmittelbar und ununterbrochen tätig ist, sie trete permanent in Erscheinung und sei diejenige Gewalt, von der die Bürger die Regelung und Gestaltung ihres Lebens erwarteten (S. 14). Ursächlich für den Machtprimat der Exekutive seien (1) der Erste Weltkrieg und das Bedürfnis der Gesellschaften nach einer entscheidungsstarken Regierung; (2) eine an den Grundsätzen der Effizienz ausgerichtete staatliche Wirtschaftslenkung in den krisengeschüttelten Nachkriegsländern und (3) das Aufkommen nationalistischer und populistischer Strömungen (S. 63 ff.). Hinzu komme der Niedergang der Parteien. Sie hätten auf die Seite der Regierenden gewechselt, indem sie sich nicht mehr als Schnittstellen, als Vermittler zwischen Gesellschaft und politischen Institutionen begreifen würden, sondern als *„Hilfstruppen des Exekutivbetriebs"* (S. 25).

Rosanvallon hält diese Entwicklung, die die Statik der Demokratie ins Wanken bringt, indes nicht für besorgniserregend, weil die Aufwertung der Exekutive einem gesellschaftlichen Bedürfnis nach Aufmerksamkeit und Zurechenbarkeit, insbesondere nach besserer Transparenz von Entscheidungen entspringt, was nur von der Exekutive geleistet werden könne (S. 139 f.). Gegenüber der Legislative habe die Exekutive den Vorteil, dass sie kontinuierlich mit der sozialen Wirklichkeit in Kontakt steht, weshalb sich die Sorge um die Demokratie auf die Regierungstätigkeit sowie die fortlaufende Sicherung ihrer Qualität zu richten hätte. Gutes Regieren müsste deshalb folgende fünf Kriterien aufweisen: Transparenz, Verantwortlichkeit, Responsivität, Wahrhaftigkeit und Integrität (S. 193 ff.).

Präsidialisierung und Exekutivdominanz beeinflussen auch die Parlamentswahlen. Wahlkämpfe werden nicht mehr an den Programmen der Parteien ausgerichtet, sondern orientieren sich an der Konkurrenz der Spitzenkandidaten. Die Wahlsieger steuern mit Hilfe der Fraktionsdisziplin ihre Regierungsvorhaben erfolgreich durchs Parlament, notfalls mit Hilfe einer an eine Gesetzesinitiative gekoppelten Vertrauensfrage, wie jüngst die

4.4 Demokratie unter Druck

italienische Regierung, die, um das neue Wahlgesetz schnell und sicher durch das Parlament zu bringen, in beiden Kammern (Abgeordnetenhaus und Senat) die Vertrauensfrage stellte. Rosanvallon zieht aus dieser Entwicklung die nüchterne Schlussfolgerung, dass *„die gesetzgebende Gewalt (…) de facto zu einer untergeordneten Größe der regierenden Funktion geworden (ist)"* (S. 15), womit Lockes Sichtweise von der der Legislative untergeordneten Exekutive (siehe Kap. 1.1) ins Gegenteil verkehrt wäre. Gesetze würden nicht mehr einem Austausch unterschiedlicher Ideen im Parlament entspringen, sondern nur noch dem vom Parlament abgesegneten Regierungsprogramm. Rosanvallon spricht deshalb von einer *„Genehmigungsdemokratie"* (S. 19).

Rosanvallons Befund einer Exekutivdominanz oder dahingehenden Ansätzen lässt sich exemplarisch anhand von Vorgängen in Großbritannien und Deutschland zeigen. In Großbritannien beabsichtigte die Regierung den Antrag auf Austritt des Landes aus der EU nach Art. 50 EUV ohne vorherigen Parlamentsbeschluss an die Europäische Kommission zu übermitteln; sie konnte (nur) durch ein die Parlamentssouveränität bestätigendes Gerichtsurteil davon abgehalten werden. Bezüglich der „EU-Withdrawal Bill", mit der europäisches Recht in britisches Recht übertragen werden soll, um zu garantieren, dass in Großbritannien nach dem festgeschriebenen Austrittsdatum (29. März 2019) keine Rechtsunsicherheit aufkommt, hat die Regierung angekündigt, auf die sogenannten Henry VIII Powers[73] zurückzugreifen, um im Rahmen

---

73 Die Henry VIII Powers ermöglichen es der Regierung, die Primärgesetzgebung durch nachgeordnete Gesetze mit oder ohne weitere parlamentarische Kontrolle zu ändern oder aufzuheben. Sie gehen zurück auf das Proklamationsstatut von 1539, das König Heinrich VIII. ermächtigte, Gesetze durch Verkündung zu erlassen. Siehe http://www.parliament.uk/site-information/glossary/henry-viii-clauses/,21.11.2017.

der Rechtsanpassung bestimmte Gesetze auch ohne die Zustimmung des Parlaments ändern zu können. Schließlich verfolgte sie das Ziel, das Parlament über die „EU-Withdrawal Agreement and Implementation Bill", den Vertrag mit der EU über die künftigen Beziehungen, abstimmen zu lassen – allerdings sollte nur ein „ja" oder „nein" zugelassen sein und damit verhindert werden, dass Abgeordnete Änderungswünsche stellen, so dass sie letztendlich keine neuen Verhandlungen mit der EU erzwingen können.[74]

In Bezug auf Deutschland seien erwähnt die Beschlüsse über diverse Rettungspakete für Griechenland in den Jahren 2010-2015, die von der Kanzlerin als „alternativlos" bezeichnet und so gut wie ohne Aussprache durch den Bundestag „gepeitscht" wurden. Ferner die Aushöhlung des parlamentarischen Informationsrechts durch z. B. die Weigerung der Regierung, auf die „Kleinen Anfragen" der Grünen zur Deutschen Bahn AG und zur Finanzmarktaufsicht wahrheitsgemäß zu antworten. Das Bundesverfassungsgericht hat im Urteil vom 7. November 2017 die Organklage der Grünen als überwiegend begründet angesehen und festgestellt, dass die Bundesregierung ihrer Pflicht zur Beantwortung parlamentarischer Anfragen nicht genügt und hierdurch Rechte der Antragsteller und des Deutschen Bundestages verletzt habe. Konkret stellte das Gericht fest: *„Das parlamentarische Regierungssystem wird auch durch die Kontrollfunktion des Parlaments geprägt. Die parlamentarische Kontrolle von Regierung und Verwaltung verwirklicht*

---

74 Durch einen Mitte Dezember 2017 mit Stimmen von Abgeordneten der Regierungsfraktion angenommenen Änderungsantrag zum „EU-Withdrawal Agreement and Implementation Bill" muss das Parlament dem mit der EU final ausgehandelten Vertrag in Form eines Gesetzes zustimmen, womit die Abgeordneten die Möglichkeit erhalten, Premierministerin May erneut an den Verhandlungstisch nach Brüssel zu schicken, falls sie mit dem Vertrag nicht einverstanden sind.

4.4 Demokratie unter Druck

den Grundsatz der Gewaltenteilung, der für das Grundgesetz ein tragendes Funktions- und Organisationsprinzip darstellt (…) Der Gewaltenteilungsgrundsatz zielt dabei (…) auf die politische Machtverteilung, das Ineinandergreifen der drei Gewalten und die daraus resultierende gegenseitige Kontrolle und Begrenzung mit der Folge der Mäßigung der Staatsgewalt".[75]

Rosanvallon hat in seinem bereits 2006 erschienenen, aber erst 2017 ins Deutsche übersetzten Werk „Die Gegen-Demokratie. Politik im Zeitalter des Misstrauens" Vorschläge unterbreitet, wie die Staatsgewalt wirksam kontrolliert werden kann, um das demokratisch-repräsentative System zu stärken. Er plädiert für eine strikte Überwachung der Regierenden, die Blockade von Regierungsvorhaben und inhaltliche Überprüfung formal korrekter Entscheidungen der Regierung (S. 17 ff.). Ansonsten käme es zur Herausbildung einer *„Regierungsmaschine"* (S. 283), die im Endstadium vom Volkswillen abgekoppelt ist, womit Rosanvallon das zum Ausdruck bringt, was Crouch bereits als ein Wesensmerkmal der Postdemokratie beschrieben hat. Als Reaktion hierauf fordert Rosanvallon eine „Gegen-Demokratie", die nicht als Gegenteil von Demokratie zu verstehen ist, sondern als eine Art Stützpfeiler für die Wahldemokratie, der die Institutionen ergänzt und deren Wirkungen verstärkt (S. 14). Als Beispiele für eine solche „Gegen-Demokratie" nennt er Planungsbeiräte, Bürgerforen, Umwelt- und Gesundheitsverbände (S. 263 ff.), womit er der Zivilgesellschaft eine besondere Rolle zuweist.

Unter Druck und vor neuen Herausforderungen steht die Demokratie nicht nur aufgrund von Entwicklungen, die als Postdemokratie und Präsidialisierung bezeichnet werden, sondern auch durch eine Personalisierung der Politik. Stefan Kornelius (2017, S. 4) formuliert dies folgendermaßen: *„Überhaupt ist die*

---

[75] BVerfGE 2 BvE 2/11, Rd. 196 ff.

Personalisierung, die Reduktion von Politik auf den starken, mit unerschütterlichen Selbstbewusstsein ausgestatteten (männlichen) Führertypen, der beherrschende Trend dieser Zeit". Sie kann Länder in den Autoritarismus führen, wie die Beispiele Polen (Kaczyński), Ungarn (Orbán) und Türkei (Erdoğan) zeigen, in eine „one man show" wie in den USA, wo das politische Programm des Präsidenten Trump Trump selbst ist oder in einen inszenierten Hype um den als Erneuerer gefeierten, raketenartig ins Präsidentenamt Frankreichs geschossenen Emmanuel Macron. In Russland zeigt sich der von Kornelius beschriebene Trend schon seit vielen Jahren in Gestalt des Präsidenten Wladimir Putin.

Erleichtert wird die Personalisierung durch die Auflösung sozialer Milieus, die Bindungsschwäche der Wähler und die schwindende Bindungskraft der Parteien. Am konsequentesten und erfolgreichsten hat dies Macron mit der Gründung einer alle politischen Lager aufsaugenden Bewegung und dem Versprechen, ein „neues Frankreich" schaffen zu wollen, genutzt. Vom Rückgang traditioneller Parteibindungen sind in Deutschland auch die CDU/CSU und SPD betroffen. Konnten die drei Parteien noch bei der Bundestagswahl 2013 rund 67 Prozent der Wähler auf sich vereinigen, waren es bei der Bundestagswahl 2017 nach einem auf die Kanzlerkandidaten zugespitzten Wahlkampf nur noch rund 54 Prozent – mit der Folge einer schwierigen Regierungsbildung.

Eine Herausforderung für die Demokratie ist schließlich auch das Internet insofern, als es den Wählerwillen durch die Lancierung von Fake News zu Gunsten oder zum Schaden einer Partei oder einer Person verzerren kann – wie es mutmaßlich in den USA bei den Präsidentschaftswahlen 2016 geschehen ist.

Im Ergebnis gilt es folgendes zu konstatieren: Demokratische Regierungssysteme befinden sich im Wandel – stehen unter Druck und vor neuen Herausforderungen. Zum einen durch einen von starken Persönlichkeiten mit ihren regierenden Mehrheiten in

4.4 Demokratie unter Druck

Gang gesetzten Prozess der Autokratisierung, der wesentliche Bestandteile der Demokratie zerstört; zum anderen durch eine Abkopplung der Regierenden von den Regierten, wodurch trotz Funktionierens der demokratischen Institutionen die Schwächung bzw. Aushöhlung der Demokratie fortschreitet. Die Zukunft demokratischer Regierungssysteme wird davon abhängen, ob geeignete Antworten auf diese Entwicklungen gefunden werden können.

Lernziele

Nachdem Sie dieses Kapitel durchgearbeitet haben, sollten Sie
- erklären können, warum von einem Rückzug der Demokratie gesprochen werden kann;
- auch anhand von Beispielen illustrieren können, welche Formen der Autokratisierung in Ungarn, Polen und der Türkei zu beobachten sind;
- erläutern können, was den neuen Regierungsstil in den USA unter Präsident Trump kennzeichnet und warum das althergebrachte System der checks and balances (trotzdem) funktioniert;
- die mit dem Begriff „Postdemokratie" beschriebenen Defizite demokratischer Systeme erläutern können;
- umschreiben können, warum (auch) in Demokratien zunehmend eine Dominanz der Exekutive festzustellen ist.

Kommentierte Literaturhinweise

Kempf, Udo 2017: Das politische System Frankreichs. 5., aktual. u. erw. Aufl., Wiesbaden.
Im Mittelpunkt des in 5. Auflage erschienenen Standardwerks zu Frankreich steht die Darstellung der V. Republik. Kempf beschreibt das Zusammenspiel von Präsident, Regierung und Parlament vor dem Hintergrund der Kompetenzausweitung der doppelköpfigen Exekutive zulasten der Legislative. Über die Staatsorgane hinaus werden Parteien und Interessenverbände sowie Frankreichs Kultur, Gesellschaft und Wirtschaftssystem ausführlich thematisiert.

Merkel, Wolfgang 2013: Vergleich politischer Systeme: Demokratien und Autokratien, in: Schmidt, Manfred G./Wolf, Frieder/Wurster, Stefan (Hrsg.): Studienbuch Politikwissenschaft, Wiesbaden S. 207- 236.
In diesem Beitrag vermittelt Merkel einen guten Überblick über die Regierungsformen Demokratie und Autokratie, einschließlich ihrer Subtypen. Fruchtbar für die wissenschaftliche Befassung mit der Überlebensfähigkeit und Persistenz von Demokratie ist sein Konzept der „embedded democracy".

Oberndörfer, Dieter/Rosenzweig, Beate (Hrsg.) 2000: Klassische Staatsphilosophie. Texte und Einführungen. Von Platon bis Rousseau, München.
Der Band von Oberndörfer/Rosenzweig eignet sich sehr gut für eine Auseinandersetzung mit den Klassikern des politischen Denkens. Über Leben und Werk der Staatsphilosophen hinaus, haben beiden Autoren Originaltexte zu Fragen u. a. der gerechten politischen Ordnung und nach politischer Teilhabe zusammengestellt.

Oldopp, Birgit 2013: Das politische System der USA. Eine Einführung, 2. aktual. u. erw. Aufl., Wiesbaden.
Diese Einführung vermittelt ein Grundwissen über die Arbeitsweise und das Zusammenspiel der politischen Institutionen (Kongress, Präsident und Supreme Court). Darüber hinaus behandelt Oldopp die für die USA wichtige Beziehung zwischen der Bundesebene und den Einzelstaaten, das Wahlsystem sowie die Rolle der Parteien und Interessenverbände.

Sturm, Roland 2017: Das politische System Großbritanniens, 2. Aufl., Wiesbaden.
Dieser Band legt die Grundlagen für das Verständnis des britischen Regierungssystems. Neben einer Darstellung des Staatsaufbaus beschreibt Sturm die Aufgaben und Kompetenzen der Krone, der Regierung und des Parlaments sowie das politische Zusammenspiel dieser Staatsorgane. Gegenstand der Studie ist ferner das Parteien- und Wahlsystem sowie gesellschaftliche Entwicklungen und die Rolle des Vereinigten Königreiches in der Europapolitik.

Steffani, Winfried 1979: Parlamentarische und präsidentielle Demokratie. Strukturelle Aspekte westlicher Demokratien, Opladen.
In diesem grundlegenden Werk der Regierungssystemlehre, das bis heute Referenzpunkt jedweder Befassung mit Demokratietypen ist, arbeitet Steffani die ein parlamentarisches und ein präsidentielles Regierungssystem kennzeichnenden Strukturmerkmale heraus.

Literaturverzeichnis

Abromeit, Heidrun/Stoiber, Michael 2006: Demokratien im Vergleich. Einführung in die vergleichende Analyse politischer Systeme, Wiesbaden.
Arendt, Hannah 1958: Elemente totaler Herrschaft, Stuttgart.
Albrecht, Holger/Frankenberger, Rolf 2010: Die „dunkle Seite" der Macht: Stabilität und Wandel autoritärer Systeme, in: Bürger im Staat, hrsg. von der Landeszentrale für politische Bildung Baden-Württemberg, Themenheft „Autoritäre Regime", Heft 1, S. 4-13.
Almond, Gabriel A./Bingham Powell, G. 1966: Comparative Politics: A Developmental Approach, Boston/Toronto.
Becker, Bernd-Werner 2002: Politik in Großbritannien, Paderborn.
Berg-Schlosser, Dirk/Maier, Herbert/Stammen, Theo 1985: Einführung in die Politikwissenschaft, 4. Aufl., München.
Berg-Schlosser, Dirk 1972: Politische Kultur. Eine neue Dimension politikwissenschaftlicher Analyse, München.
Beyme, Klaus von 2017: Das politische System der Bundesrepublik Deutschland, 12., aktual. u. erw. Aufl., Wiesbaden.
Beyme, Klaus von 2013: Von der Postdemokratie zur Neodemokratie, Wiesbaden.
Braml, Josef 2013: Konkurrenz und Kontrolle der Machthaber: checks and balances, in: Bundeszentrale für politische Bildung (Hrsg.): Informationen zur politischen Bildung: Politisches System der USA, Nr. 320, Bonn, S. 8-43.

Baruzzi, Arno 2007: Immanuel Kant, in: Maier, Hans/Denzer, Horst (Hrsg.): Klassiker des politischen Denkens, Band 1, Von Plato bis Hobbes, 3. überarb. Aufl., München, S. 87-103.
Bröchler, Stephan 2015: Großbritannien, in: Lauth, Hans-Joachim (Hrsg.): Politische Systeme im Vergleich, München, S. 163-190.
Brunner, Georg 1979: Vergleichende Regierungslehre, Band 1, Paderborn.
Chwaszcza, Christine 2007: Thomas Hobbes, in: Maier, Hans/Denzer, Horst (Hrsg.): Klassiker des politischen Denkens, Band 1, Von Plato bis Hobbes, 3. überarb. Aufl., München, S. 209-225.
Croissant, Aurel 2013: Das politische System Südkoreas, in: Derichs, Claudia/Heberer, Thomas (Hrsg.): Die politischen Systeme Ostasiens. Eine Einführung, 3. aktual. u. erw. Aufl., S. 355-340.
Croissant, Aurel 2010: Regierungssysteme und Demokratietypen, in: Lauth, Hans-Joachim (Hrsg.): Vergleichende Regierungslehre. Eine Einführung, Wiesbaden, S. 117-139.
Crouch, Colin 2008: Postdemokratie, Frankfurt a. M.
Decker, Frank 2009: Ist die Parlamentarismus-Präsidentialismus-Dichotomie überholt? Zugleich eine Replik auf Steffen Kailitz, in: Zeitschrift für Politikwissenschaft, 19. Jhg., Heft 2, S. 169-203.
Denzer, Horst 2007: Jean Bodin, in: Maier, Hans/Denzer, Horst (Hrsg.): Klassiker des politischen Denkens, Band 1, Von Plato bis Hobbes, 3. überarb. Aufl., München, S. 179-191.
Depkat, Volker 2016: Geschichte der USA, Stuttgart.
Dieringer, Jürgen 2008: Föderalismus in Europa – Europäischer Föderalismus, in: Gabriel, Oscar W./Kropp, Sabine (Hrsg.): Die EU-Staaten im Vergleich, Strukturen, Prozesse, Politikinhalte, 3., aktual. u. erw. Aufl., Wiesbaden, S. 550-578.
Deutsch, Karl W. 1963: The Nerves of Government: Models of Political Communication and Control, New York.
Dippel, Horst 2007: Geschichte der USA, 8. Aufl., München.
Douglas-Scott, Sionaidh 2016: Am Rande der Verfassungskrise? Die rechtliche Grundlage des Brexit, in: Aus Politik und Zeitgeschichte (APuZ), Beilage zur Wochenzeitung Das Parlament 49-50, S. 24-31.
Duverger, Maurice 1980: A New Political System Model: Semi-Presidential Government, in: European Journal of Political Research, 8. Jhg., Heft 2, S. 165-187.
Easton, David 1953: The Political System, Englewood Cliffs, N.J.

Easton, David 1965: A Systems Analysis of Political Life, Englewood Cliffs, N.J.

Euchner, Walter 2007: John Locke, in: Maier, Hans/Denzer, Horst (Hrsg.): Klassiker des politischen Denkens, Band 2, Von Locke bis Max Weber, 3. überarb. Aufl., München, S. 15-30.

Falk, Berthold 2007: Montesquieu, in: Maier, Hans/Denzer, Horst (Hrsg.): Klassiker des politischen Denkens, Band 1, Von Plato bis Hobbes, 3. überarb. Aufl., München, S. 41-55.

Fraenkel, Ernst 1962: Das amerikanische Regierungssystem. Eine politologische Analyse, 2. Aufl., Köln/Opladen.

Frevel, Bernhard/Voelzke, Nils 2017: Demokratie. Entwicklung – Gestaltung – Herausforderungen, 3. Aufl., Wiesbaden.

Friedrich, Carl J./Brzezinski, Zbigniew K. 1957: Totalitäre Diktatur, Stuttgart.

Friske, Tobias 2008: Monarchien – Überblick und Systematik, in: Riescher, Gisela/Thumfart, Alexander (Hrsg.): Monarchien, Baden-Baden, S. 116-122.

Fukuyama, Francis 1992: The End of History and the Last Man, New York.

Furtak, Robert K. 1996: Staatspräsident – Regierung – Parlament in Frankreich und in Rußland: Verfassungsnorm und Verfassungspraxis, in: Zeitschrift für Politikwissenschaft, Jhg. 6, Heft 4, S. 945-968.

Furtak, Robert K. 2002: Zum Verhältnis von Staatspräsident und Regierung in postsozialistischen Staaten, in: Luchterhandt, Otto (Hrsg.): Neue Regierungssysteme in Osteuropa und der GUS, 2. Aufl., Berlin, S. 123-174.

Furtak, Robert K. 1984: Mexikos lizensierte Demokratie. Das Parteiensystem im Lichte der Wahlen von 1979 und 1982, in: Jahrbuch für Geschichte von Staat, Wirtschaft und Gesellschaft Lateinamerikas, Bd. 21, Köln.

Furtak, Robert K. 1969: Revolutionspartei und politische Stabilität in Mexiko, Hamburg.

Gallus, Alexander 2007: Typologisierung von Staatsformen und politischen Systemen in Geschichte und Gegenwart, in: Ders./Jesse, Eckhard (Hrsg.): Staatsformen. Von der Antike bis zur Gegenwart, Bonn, S. 19-55.

Gast, Henrik 2010: Politische Führung in der Kanzlerdemokratie: die Bundesrepublik Deutschland, in: Sebald, Martin/Gast, Hendrik (Hrsg.):

Politische Führung in westlichen Regierungssystemen. Theorie und Praxis im internationalen Vergleich, Wiesbaden, S. 95-120.

Gamper, Anna 2010: Staat und Verfassung: Einführung in die Allgemeine Staatslehre, Wien.

Gellner, Winand/Kleiber, Martin 2012: Das Regierungssystem der USA. Eine Einführung, 2., vollständig überarb. u. erw. Aufl., Baden-Baden.

Grillmaier, Dominik 2016: Die Territorialreform in Frankreich: eine erste Bilanz in: Deutsch-Französisches Institut (Hrsg.): Frankreich Jahrbuch 2015, S. 17-28.

Haas, Christoph M. 2016: Obama als Legislative Leader: Die Beziehungen zum Kongress unter den Bedingungen von Unified und Divided Government, in: Gellner, Winand/Horst, Patrick (Hrsg.): Die USA am Ende der Präsidentschaft Barack Obamas. Eine erste Bilanz, Wiesbaden, S. 197-224.

Halmes, Gregor 2016: Regionalreform und „stille Revolutionen" in Frankreich, in: Europäisches Zentrum für Föderalismus-Forschung Tübingen (Hrsg.): Jahrbuch des Föderalismus 2015. Föderalismus, Subsidiarität und Regionen in Europa, Baden-Baden.

Hartmann, Jürgen 2017: Die politischen Systeme Lateinamerikas. Ein Überblick, Wiesbaden.

Hartmann, Jürgen 2015: Demokratie und Autokratie in der vergleichenden Demokratieforschung. Eine Kritik, Wiesbaden.

Hartmann, Jürgen 2011: Westliche Regierungssysteme. Parlamentarismus, präsidentielles und semi-präsidentielles Regierungssystem, 3., aktual. Aufl., Wiesbaden.

Hartmann, Jürgen/Kempf, Udo 2011: Staatsoberhäupter in der Demokratie, Wiesbaden.

Hartmann, Jürgen 2013: Einführung in die Vergleichende Regierungslehre, in: Massing, Peter/Varwick, Johannes (Hrsg.): Regierungssysteme, Schwalbach/Ts., S. 11-34.

Heisig, Clarissa 2015: Die exekutive Gewalt in Mexiko: Präsidentialismus, in: Schröter, Barbara (Hrsg.): Das politische System Mexikos, Wiesbaden, S. 123-140.

Helms, Ludger 2016: Regierungssysteme in der Vergleichenden Politikwissenschaft: Konzepte und Modelle, in: Lauth, Hans-Joachim u. a. (Hrsg.): Handbuch Vergleichende Politikwissenschaft, Wiesbaden, S. 143-154.

Hoffmann-Martinot, Vincent 2012: Zentralisierung und Dezentralisierung in Frankreich, in: Kimmel, Adolf/Uterwedde, Hendrik (Hrsg.): Länderbericht Frankreich, Bonn, S. 92-110.

Hopp, Gerhard 2010: Politische Führung in der Westminster-Demokratie: Großbritannien, in: Sebald, Martin/Gast, Hendrik (Hrsg.): Politische Führung in westlichen Regierungssystemen. Theorie und Praxis im internationalen Vergleich, Wiesbaden, S. 71-94.

Hornig, Eike-Christian/Steinke, Clara 2017: Direkte Demokratie in Italien, in: Merkel, Wolfgang/Ritzi, Claudia (Hrsg.): Die Legitimität direkter Demokratie. Wie demokratisch sind Volksabstimmungen?, Wiesbaden, S. 73-99.

Hübner, Emil/Münch, Ursula 2013: Das Politische System der USA. Eine Einführung, 7., überarb. u. aktual. Aufl., München.

Huntington, Samuel, P. 1991: The Third Wave. Democratization in the Late Twentieth Century, Norman, Ok.

Jäger, Wolfgang 2007: Der Präsident, in: Ders./Haas, Christoph M./Welz, Wolfgang (Hrsg.): Regierungssystem der USA, 3. Aufl., München, S. 129-170.

Jellinek, Georg 1900: Allgemeine Staatslehre, Berlin.

Kailitz, Steffen 2013: Zur Unterscheidung demokratischer Regierungsformen: Vorschlag einer polyethetischen Typologie, in: Gallus, Alexander/Schubert, Thomas/Thieme, Tom (Hrsg.): Deutsche Kontroversen: Festschrift für Eckhard Jesse, Baden-Baden, S. 345-357.

Kailitz, Steffen 2010: Zur Typologisierung der Regierungsformen. Eine Antwort auf Frank Deckers Replik, in: Zeitschrift für Politikwissenschaft, 20. Jhg., Heft 1, S. 47-77.

Kempf, Udo 2017: Das politische System Frankreichs, 5., aktual. u. erw. Aufl., Wiesbaden.

Kimmel, Adolf 2012: Der Verfassungstext und die lebenden Verfassungen, in: Ders./Uterwedde, Hendrik (Hrsg.): Länderbericht Frankreich, Bonn, S. 68-91.

Köllner, Patrick/Flamm, Patrick/Olbrich, Philipp: Das politische System Südkoreas seit der Demokratisierung, in: Eun-Jeung, Lee/Mosler, Hannes B. (Hrsg.): Länderbericht Korea. Bundeszentrale für politische Bildung, Bonn, S. 98-112.

Köppl, Hartmut 2007: Das politische System Italiens. Eine Einführung, Wiesbaden.

Kornelius, Stefan: Demokratie. Die Ich-Politiker, in: Süddeutsche Zeitung, Nr. 272, 27. November 2017.
Koschut, Simon 2013: Präsidentielle Systeme, in: Massing, Peter/Varwick, Johannes (Hrsg.): Regierungssysteme, Schwalbach/Ts., S. 61-83.
Krumm, Thomas 2015: Föderale Staaten im Vergleich, Wiesbaden.
Kuhlmann, Sabine/Wollmann, Helmut 2013: Verwaltung und Verwaltungsreformen in Europa, Wiesbaden.
Lauth, Hans-Joachim 2016: Regime in der Vergleichenden Politikwissenschaft: Autokratie und Demokratie, in: Ders. u. a. (Hrsg.): Handbuch Vergleichende Politikwissenschaft, S. 123-139.
Lauth, Hans-Joachim 2013: Regierungssysteme und Demokratietypen. Parlamentarische und präsidentielle Demokratien, Verhandlungs- und Wettbewerbsdemokratien, in: Korte, Karl-Rudolf/Grunden, Timo (Hrsg.): Handbuch Regierungsforschung, Wiesbaden, S. 115-130.
Lembcke, Oliver W./Hebenstreit, Jörg 2016: Typologie demokratischer Regierungssysteme, in: Lembcke, Oliver W./Ritzi, Claudia/Schaal, Gary S. (Hrsg.): Zeitgenössische Demokratietheorie, Band 2: Empirische Demokratietheorien, Wiesbaden, S. 365-396.
Lijphart, Arend 2012: Patterns of Democracy. Government Forms and Performance in Thirty-Six Countries, 4., neubearb. u. aktual. Aufl.,Yale.
Linz, Juan 1975: Totalitarian and Authoritarian Regimes, in: Greenstein, F.J. u. a. (Hrsg.): Handbook of Political Science, Vol. 3: Macro-political Theory, Reading, Mass., S. 175-411.
Llanque, Marcus 2012: Geschichte der Politischen Ideen. Von der Antike bis zur Gegenwart, München.
Lösche, Peter 2007: Die politischen Parteien, in: Jäger, Wolfgang/Haas, Christoph M./Welz, Wolfgang (Hrsg.): Regierungssystem der USA, 3. Aufl., München, S. 289-321.
Loewenstein, Karl 2000: Verfassungslehre, 4. Aufl., Tübingen.
Loewenstein, Karl 1957: Verfassungslehre, Tübingen.
Loewenstein, Karl 1952: Die Monarchie im modernen Staat, Frankfurt a. M.
Mager, Wolfgang 1984: Republik, in: Brunner, Otto/Conze, Werner/Koselleck, Reinhart (Hrsg.): Geschichtliche Grundbegriffe, Bd. 5, S. 549-651.
Maier, Hans 2007: Jean-Jacques Rousseau, in: Maier, Hans/Denzer, Horst (Hrsg.): Klassiker des politischen Denkens, Band 1, Von Plato bis Hobbes, 3. überarb. Aufl., München, S. 57-72.
Marschall, Stefan 2015: Das politische System Deutschlands, Bonn.

Merkl, Peter H./Raabe, Dieter 1977: Politische Soziologie der USA. Die konservative Demokratie, Wiesbaden.
Merkel, Wolfgang 2013: Vergleich politischer Systeme: Demokratien und Autokratien, in: Schmidt, Manfred G./Wolf, Frieder/Wurster, Stefan (Hrsg.): Studienbuch Politikwissenschaft, Wiesbaden, S. 207- 236.
Merkel, Wolfgang 2010: Systemtransformation. Eine Einführung in die Theorie und Empirie der Transformationsforschung, 2. Aufl., Wiesbaden.
Mols, Manfred 1981: Mexiko im 20. Jahrhundert, Paderborn.
Munck, Gerardo L. 2017: Demokratisierung und Demokratiemodelle. Ein dynamischer Ansatz für Lateinamerika nach der Transition, in: Croissant, Aurel/Kneip, Sascha/Petring, Alexander (Hrsg.): Demokratie, Diktatur, Gerechtigkeit. Festschrift für Wolfgang Merkel, Wiesbaden, S. 75-100.
Nohlen, Dieter (Hrsg.) 1995: Wörterbuch Staat und Politik, Bonn.
Oberndörfer, Dieter/Rosenzweig, Beate (Hrsg.) 2000: Klassische Staatsphilosophie. Texte und Einführungen. Von Plato bis Rousseau, München.
Oberndörfer, Dieter/Jäger, Wolfgang 1971: Klassiker der Staatsphilosophie II, Stuttgart.
Oldopp, Birgit 2013: Das politische System der USA. Eine Einführung, 2., aktual. u. erw. Aufl., Wiesbaden.
Park, Young-Do 2010: Verfassungsrecht, in: Korea Legislation Research Institute (Hrsg.): Einführung in das koreanische Recht, Berlin/Heidelberg, S. 11-50.
Parsons, Talcott 1951: The Social System, New York.
Petersohn, Bettina 2015: Eine föderale Lösung für das United Kingdom? Verfassungswandel im Anschluss an das schottische Unabhängigkeitsreferendum, in: Europäisches Zentrum für Föderalismus-Forschung Tübingen (Hrsg.): Jahrbuch des Föderalismus 2015. Föderalismus, Subsidiarität und Regionen in Europa, Baden-Baden, S. 337-351.
Riescher, Gisela/Obrecht, Markus/Haas, Tobias 2011: Theorien der Vergleichenden Regierungslehre: Eine Einführung, München.
Rosanvallon, Pierre 2017: Die Gegen-Demokratie. Politik im Zeitalter des Misstrauens, Hamburg.
Rosanvallon, Pierre 2016: Die gute Regierung, Hamburg.
Rudzio, Wolfgang 2015: Das politische System der Bundesrepublik Deutschland, 9., aktual. u. erw. Aufl., Wiesbaden.

Ruß, Sabine 2015: Frankreich, in: Lauth, Hans-Joachim (Hrsg.): Politische Systeme im Vergleich. Formale und informelle Institutionen im Politischen Prozess, München, S. 127-162.

Salzborn, Samuel 2012: Demokratie: Theorien, Formen, Entwicklungen, Stuttgart.

Sauger, Nicolas 2012: Das Parteiensystem der V. Republik, in: Kimmel, Adolf/Uterwedde, Hendrik (Hrsg.): Länderbericht Frankreich, Bonn, S. 111-126.

Schieren, Stefan 2010: Großbritannien, Schwalbach/Ts.

Schmidt, Manfred G. 2010: Das Politische System Deutschlands, Bonn.

Schmidt, Manfred G. 2013: Vier Welten der Demokratie. Ein Kommentar zu Arend Lijpharts Neubearbeitung von Patterns of Democracy, http://www.uni-heidelberg.de/md/politik/personal/schmidt/2013_4_welten_der_demokratie_-_kommentar_zu_lijphart_2012.pdf.

Schmotz, Alexander 2017: Defekte Autokratie, in: Croissant, Aurel/Kneip, Sascha/Petring, Alexander: Demokratie, Diktatur, Gerechtigkeit. Festschrift für Wolfgang Merkel, Wiesbaden, S. 593-618.

Schüttemeyer, Suzanne S. 2003: Regierungssysteme, in: Jesse, Eckhard/Sturm, Roland (Hrsg.): Demokratien des 21. Jahrhunderts im Vergleich. Historische Zugänge, Gegenwartsprobleme, Reformperspektiven, Wiesbaden, S. 61-88.

Schumpeter, Joseph A. 1950: Kapitalismus, Sozialismus, Demokratie, 2. Aufl., Bern.

Sengert, Dieter 2017: Stabil in der ‚Grauzone'? Ein Vergleich über den postsozialistischen Wandel in den Subregionen Osteuropas, in: Croissant, Aurel/Kneip, Sascha/Petring, Alexander (Hrsg.): Demokratie, Diktatur, Gerechtigkeit. Festschrift für Wolfgang Merkel, Wiesbaden, S. 263-282.

Shugart Matthew Soberg/Carey, John 1992: Presidents and Assemblies. Constitutional Design and Electoral Dynamics, Cambridge.

Singhofen, Sven 2013: Demokratien mit Adjektiven, hybride Regime oder elektorale Autokratien? Herrschaftsformen in der Grauzone zwischen Demokratie und Diktatur, in: Massing, Peter/Varwick, Johannes (Hrsg.): Regierungssysteme, Schwalbach/Ts., S. 85-110.

Söyler, Mehtap 2009: Der demokratische Reformprozess in der Türkei, in: Aus Politik und Zeitgeschichte (APuZ), Beilage zur Wochenzeitung Das Parlament, 39-40, S. 3-8.

Soldner, Markus 2010: „Semi-präsidentielle" Regierungssysteme? Überlegungen zu einem umstrittenen Systemtyp und Bausteine einer typologischen Rekonzeptualisierung, in: Schrenk, Klemens H./Ders. (Hrsg.): Analyse demokratischer Regierungssysteme, Wiesbaden, S. 61-82.

Song, Seog-Yun 2010: Analyse der Diskussion zum Thema: Verfassungsreform in Südkorea. Insbesondere im Hinblick auf die Reform der Regierungsform und des Parlaments, in: KAS-Schriftenreihe Korea: Verfassungsreform in Südkorea, Nr. 21, Januar, S. 74-91.

Steffani, Winfried 1979: Parlamentarische und präsidentielle Demokratie. Strukturelle Aspekte westlicher Demokratien, Opladen.

Steffani, Winfried 1983: Zur Unterscheidung parlamentarischer und präsidentieller Regierungssysteme, in: Zeitschrift für Parlamentsfragen, Jg. 14, Heft 3, S. 390-401.

Steffani, Winfried 1995: Semi-Präsidentialismus: ein eigenständiger Systemtyp? Zur Unterscheidung von Legislative und Parlament, in: Zeitschrift für Parlamentsfragen, Jhg. 26, Heft 4, S. 621-641.

Stüwe, Klaus 2013: USA, Schwalbach/Ts.

Sturm, Roland 2017: Das politische System Großbritanniens, 2. Aufl., Wiesbaden.

Sturm, Roland 2015: Die britische Westminsterdemokratie. Parlament, Regierung und Verfassungswandel, Baden-Baden.

Stykow, Petra 2007: Vergleich politischer Systeme, Paderborn.

Szabó, Máté 2017: Eine fragmentierte, aber strukturierte Protestkultur? Protestmobilisierung gegen das Orbán-Regime in Ungarn 2010-2015, in: Croissant, Aurel/Kneip, Sascha/Petring, Alexander (Hrsg.): Demokratie, Diktatur, Gerechtigkeit. Festschrift für Wolfgang Merkel, Wiesbaden, S. 283-306.

Tena, Ramírez, Felipe 1967: Derecho constitucional mexicano, 8. Aufl., Mexico, D. F.

Thiele, Ulrich 2008: Die politischen Ideen. Von der Antike bis zur Gegenwart, Wiesbaden.

Thunert, Martin 2016: Presidential Leadership: Barack Obama und das Problem transformativer politischer Führung, in: Gellner, Winand/Horst, Patrick (Hrsg.): Die USA am Ende der Präsidentschaft Barack Obamas. Eine erste Bilanz, Wiesbaden, S. 173-196.

Tocqueville, Alexis de 1976: Über die Demokratie in Amerika, hrsg. von Mayer, Jacob P./Eschenburg, Theodor/Zwinden, Hans, München.

Ulfig, Alexander 2001: Niccolò Machiavelli. Gesammelte Werke in einem Band, Neu Isenburg.

Ullrich, Hartmut 2009: Das politische System Italiens, in: Ismayr, Wolfgang (Hrsg.): Die politischen Systeme Westeuropas, 4., aktual. u. überarb. Aufl., S. 643-712.

Weber-Fas, Rudolf 2003: Staatsdenker der Moderne: Klassikertexte von Machiavelli bis Max Weber, Stuttgart.

Welz, Wolfgang 2007: Die bundesstaatliche Struktur, in: Jäger, Wolfgang/Haas, Christoph M./Welz, Wolfgang (Hrsg.): Regierungssystem der USA, 3. Aufl., München, S. 69-98.

Zeitler, Benjamin 2010: Politische Führung im klassischen Präsidentialismus: die USA, in: Sebald, Martin/Gast, Hendrik (Hrsg.): Politische Führung in westlichen Regierungssystemen. Theorie und Praxis im internationalen Vergleich, Wiesbaden, S. 173-195.

Ziemer, Klaus 2013: Das politische System Polens, Wiesbaden.

SPRINGER NATURE

GPSR Compliance

The European Union's (EU) General Product Safety Regulation (GPSR) is a set of rules that requires consumer products to be safe and our obligations to ensure this.

If you have any concerns about our products, you can contact us on ProductSafety@springernature.com

In case Publisher is established outside the EU, the EU authorized representative is:

Springer Nature Customer Service Center GmbH
Europaplatz 3
69115 Heidelberg, Germany

The manufacturer's authorised representative in the EU is Springer
Nature Customer Service Centre GmbH, Europaplatz 3, 69115 Heidelberg,
Germany. If you have any concerns regarding our products, please
contact ProductSafety@springernature.com

Printed and bound by CPI Group (UK) Ltd, Croydon, CR0 4YY

23/03/2026

02076740-0001